La mémoire du cœur

Thierry de Cacqueray

La mémoire du cœur

LE LYS BLEU
ÉDITIONS

ISBN : 979-10-422-1205-6

L'Amour seul connaît le secret de s'enrichir en donnant.

Socrate

1
Avant toute chose…

Ce soir, Albane, la sixième de nos huit filles, m'a encouragé à écrire, non pour m'épancher, satisfaire un besoin de parler du quotidien ou poser des questionnements. Non, plutôt parce que cette nouvelle vie mérite peut-être d'être partagée tant elle lance chaque jour un défi, fait naître des joies, mais aussi des peines, des angoisses, des doutes, de la révolte, des sentiments de culpabilité et de découragement, des larmes et des sourires, des témoignages d'amitié et d'affection inédits, mais surtout une dimension d'amour extraordinaire.

Au fil des années qui s'écoulent, je mesure combien la maladie d'Alzheimer fait son chemin, inexorablement et avec détermination.

Je ne dis pas par là qu'il n'y a rien à faire, que l'évolution nous échappe et qu'il faut baisser les bras. En aucune façon, non !

Cependant il nous faut quand même accepter que nous puissions nous sentir dépassés, voire impuissants…

C'est la partie la plus difficile de ce périple, car pour le reste nous sommes dans l'action…

Cela dit, comment supporter de pareils moments quand ils se présentent ?

Eh bien, peut-être, en lâchant prise…

*

* *

Carole a été diagnostiquée Alzheimer en juillet 2019, alors âgée de 57 ans, sujette depuis plusieurs mois à des oublis ou des pertes de mots.

Durant ces quelques trois années qui se sont écoulées depuis l'annonce du diagnostic, nombre de soutiens qu'ils soient familiaux, amicaux, médicaux ou associatifs se sont manifestés.

Cela n'a pas été de ma part sans communiquer, en faisant en sorte d'éviter le repli sur soi, en informant, en échangeant, en sollicitant.

Il est en effet essentiel de ne pas s'isoler ni de s'enfermer dans son quotidien.

Nous recevons beaucoup des autres en échange de ce que nous sommes capables de partager sur nos propres expériences, sentiments, questions et inquiétudes.

Chacun pense savoir ce que signifie Alzheimer, mais les associations, les soignants et les aidants s'accordent tous sur le fait qu'il demeure nombre de préjugés, fausses idées sur ce qu'est la maladie et son évolution.

La maladie d'Alzheimer est différente et singulière d'une personne à une autre.

De plus, on ne peut aborder cette maladie selon qu'il s'agisse d'une personne jeune ou d'une personne vieillissante.

Mon propos vise donc un simple partage d'expérience, sans détours, sans faux semblants, sans non-dits.

Alors, avant toute chose, merci à tous ceux qui m'ont permis d'avancer sans trop trébucher et de trouver des petites voies, toutes simples, pour faire de chaque jour une nouvelle étoile à découvrir, une nouvelle terre à explorer…

2
L'annonce

Carole était suivie depuis plusieurs années pour une possible maladie orpheline qui lui causait des douleurs sans qu'on puisse en identifier la cause. À Blois d'abord puis à Toulouse à l'hôpital Purpan en médecine interne.

Fin 2018, à l'occasion d'une consultation, je fais part des oublis fugaces de Carole, qui sont d'autant plus marquants qu'elle a toujours eu une mémoire d'éléphant.

Le médecin prend des notes et je perçois chez elle comme une marque d'attention préoccupée par ce signalement.

Des examens d'une durée d'une semaine vont donc être programmés en mai dans le service voisin de neurologie, à l'hôpital Pierre Paul Riquet.

Une fois ces examens finalisés, un rendez-vous est programmé fin juillet avec un neurologue.

Il coïncide pour moi avec le début de ma période de congés d'été.

Le jour dit, il fait beau et chaud.

Je n'arrive pas à définir précisément dans quel état d'esprit nous nous trouvons : inquiets, angoissés, fatalistes… ?

De nombreux examens neurologiques ont eu lieu ces derniers mois, laissant entendre une possible maladie neuro-dégénérative.

Avec du recul, je me rends compte que je n'entrevoyais pas un tel diagnostic. Alzheimer est assimilé à une maladie de la vieillesse, ce qui est vrai pour la majorité des malades, mais force est de constater que le nombre de personnes jeunes atteintes de la maladie va en grandissant et de façon exponentielle.

Sur près d'un million de personnes touchées en France, près de 33 000 de ces patients ont été diagnostiqués à moins de 60 ans, et ce chiffre connaît une augmentation significative chaque année.

*

* *

On parlait les premiers mois d'aphasie. Soit… Nous aurions donc à vivre avec ce handicap qui nécessiterait un soutien orthophonique.

Pourtant le compte rendu de fin d'examens mentionnait bien qu'il s'agissait d'une maladie « de type Alzheimer ». Mais impossible pour moi de me résoudre à envisager le pire. Non ce ne serait pas cela, seulement une maladie neurologique, et quand bien même ça le serait, l'ignorance quant à son évolution était comme un rempart contre l'inquiétude et l'angoisse face à l'avenir.

*

* *

Nous entrons dans le hall de ces bâtiments modernes, presque rassurants. Au troisième étage, hall B, nous voilà orientés vers la salle d'attente n° 6, couloir aménagé en face des portes des cabinets des neurologues.

Les personnes qui attendent sont toutes accompagnées. Certaines ont un regard presque absent. Il y a un couple en particulier dont je me dis que le monsieur est probablement atteint d'Alzheimer.

Mais ce n'est pas nous, trop jeunes, trop dans la force de l'âge, avec tant de projets, d'espérances, de petits enfants à entourer et à gâter, de voyages à organiser, de nouveaux paysages à découvrir, d'amis à rencontrer, de fêtes à vivre…

Un patient sort du cabinet avec un médecin qui lui fait faire quelques pas dans le couloir. Je me demande de quelle maladie il est atteint. Quelques mois plus tard, les consultations mémoires nous feront entrer dans ce rituel, comme les autres.

Jasmine Carlier, neurologue, nous reçoit, une neuropsychologue l'accompagne. Son regard chaleureux, sa voix douce et posée ont un effet rassurant sur nous. La maladie est nommée assez vite. On ne parle pas de son évolution probable, de ce que cela va signifier au quotidien pour Carole et ses proches.

Comment avons-nous réagi ? Je ne sais même pas répondre à cette question. C'est comme si une vague trop puissante nous avait submergés et nous étourdissait par ce trop-plein d'eau et d'écume…

Nous sommes comme silencieux…

Nous recevons quelques informations pratiques sur le parcours de soins : psychologue, orthophoniste, consultations mémoire, et sur le soutien qui existe pour l'aidant et le malade comme « Allo, j'aide un proche » ou l'association France Alzheimer.

À ma question sur les traitements proposés pour soigner la maladie, la neurologue nous explique qu'il existe bien un patch, l'Exelon, qui peut être acheté en pharmacie, mais qui n'est plus remboursé par la Sécurité sociale depuis août 2018.

Elle me demande si, compte tenu de son prix, nous souhaitons une prescription pour ce traitement. L'efficacité de ce principe actif, évaluée à 30 %, a en effet conduit les autorités sanitaires à une décision de déremboursement.

C'est de mon point de vue une aberration, pour ne pas dire une faute morale et une non-assistance à personne en danger que d'enlever à 3 personnes sur 10 la possibilité de bénéficier d'un ralentissement de l'évolution de la maladie.

Lors d'un tremblement de terre, des secours renoncent-ils à sauver quelques personnes ensevelies sous des décombres même si des dizaines sont malheureusement condamnées… ?

Nous avons la chance d'avoir la possibilité matérielle de prendre ce traitement, mais il est profondément injuste de ne pas en permettre l'accès à d'autres dont les ressources financières sont plus limitées.

— Madame, il existe des protocoles de recherche réguliers auxquels vous pourriez peut-être participer sous réserve que vous répondiez aux critères. Accepteriez-vous d'être candidate ?

— Tout ce que je pourrai faire pour permettre à la recherche d'avancer pour le bénéfice des générations futures, même si ce n'est pas pour moi, je le ferai. Alors oui, vous pouvez m'inscrire comme candidate.

Je ne suis pas étonné par ces paroles. Elles traduisent à la fois la générosité et l'abnégation de ma compagne.

J'observe le visage des médecins que je crois édifiés par ces mots et qui promettent aussitôt de revenir vers nous dès l'automne.

*

* *

Nous rentrons à la maison. Durant notre trajet d'une trentaine de minutes, nous pensons à notre famille, à nos huit filles en particulier, à qui nous allons devoir annoncer la nouvelle.

Nous ne sommes même pas effondrés, nous n'arrivons pas à nous projeter.

Nous tentons de nous rassurer en nous disant que Carole va continuer à vivre avec ces petites pertes de mémoire et qu'après tout, ce n'est pas la fin du monde. Elle est trop jeune de toute façon…

Mais au fond de moi, des questions se bousculent. Est-ce que l'état de Carole va empirer ? Et quand ?

Et puis en quoi cette maladie devrait-elle venir bouleverser un quotidien auquel nous nous sommes accommodés ? Il n'y a pas un avant et un après-annonce du diagnostic. La vie continue…

Seul un mot a été posé sur les symptômes, mais un mot lourd de sens.

Comme si cette fois nous étions sur la ligne de départ, en pole position.

Nous sommes comme immergés dans un autre monde dans lequel nous n'avons pas le moindre repère, le moindre semblant de visibilité.

Il nous faut à présent informer nos enfants, éloignés géographiquement pour la plupart.

Que leur dire de plus que le diagnostic posé ?

Nous sommes comme impuissants face à cette douleur qui les frappe : rassurer, minimiser…

En réponse à mes paroles, silences ou pleurs dissimulés…

Il faudra laisser du temps au temps pour que chacune de nos huit filles arrive à exprimer avec peu plus de recul son émotion du moment

Accepter et se dire que nous ferons face ensemble, jour après jour sans savoir de quoi demain sera fait.

3
La Toscane

Dès le lendemain de l'annonce, nous prenons la route pour la Toscane, vers cette région bénie des dieux, à Gambassi Terme, à quelques encablures de San Gimignano.

Ces vacances s'imposent à nous comme un intermède que nous espérons rempli de contemplation devant de jolis paysages et monuments, de temps de repos et de bons moments partagés en famille.

Camille ma fille et son mari Pierre nous rejoindront avec ma filleule Marine. C'est comme un mince rayon de soleil au milieu de l'orage. Chacun se souvient combien la lumière qui transperce la pluie est si prodigieusement belle quand elle laisse se dévoiler les couleurs de l'arc-en-ciel.

J'ai prévu une étape à Nice, après avoir déjeuné à Sainte Maxime Sainte Baume. Nous nous offrons une plage privée, un service attentionné, un hôtel confortable. Pour le dîner, nous nous rendons dans une brasserie dans le cœur historique de la ville. Après un apéritif agrémenté de ces délicieuses olives niçoises, nous nous régalons d'une pissaladière hors du commun et d'un rosé de Provence, dans cette ambiance estivale qui donne chaud au cœur.

Nous savourons ces moments de bonheur simple au milieu de l'été. Cela peut paraître paradoxal après la sentence qui nous a été prononcée.

C'est comme si la beauté, l'espérance qu'offre la vie, prenaient le dessus en douceur, mais avec force, nous murmurant : « Eh ! la vie continue et elle te propose de jolis moments à vivre, des paysages à contempler, des paroles à écouter, de l'amour à recevoir, de l'amitié à savourer, des odeurs et saveurs à humecter, des vins à délecter ton gosier ! … ».

C'est vraiment cela que nous vivons ce soir, sans nous concerter, sans devoir l'exprimer par des mots. C'est comme une communion silencieuse que nous ressentons par les regards et sourires échangés.

Nous n'avons pas évoqué la maladie depuis que nous avons quitté Toulouse. Non par peur, pudeur ou retenue, mais parce qu'impuissants devant l'avenir nous avons pris le parti, presque inconsciemment, de vivre l'instant présent.

Un déni ? Nullement. Plutôt un lâcher-prise…

Notre retour vers l'hôtel passe par la promenade des Anglais. Nous évoquons l'ignoble attentat de 2016, malheureusement encore d'actualité en ces jours où le procès débute. Nous n'arrivons pas à imaginer qu'en pareil lieu de quiétude et de beauté, un être humain, comment le qualifier vraiment, ait pu préméditer puis exécuter le meurtre de 86 personnes innocentes, en plein mois de juillet.

Le lendemain, après une route paisible le long de la côte méditerranéenne, nous arrivons en Toscane après avoir dépassé Carrare puis Pise.

Des nuages menaçants surplombent Gambassi Terme. Des orages violents ont été annoncés venant du nord-ouest. Nous apprenons que Camille et Pierre les ont essuyés la veille dans la région lyonnaise.

À notre arrivée dans le village, nous trouvons un petit restaurant pour y déjeuner.

Nous nous installons sur la terrasse, sous une pergola abritée de paillis. Nous dégustons quelques antipasti accompagnés d'un verre de chianti, mais sommes vite interrompus par cet orage qui n'a finalement pas dit son dernier mot. La grêle s'abat sur le village, nous obligeant à nous réfugier dans la salle, à l'intérieur du restaurant. L'artère principale du village, qui est pentue, devient un torrent menaçant. Il nous faudra bien rejoindre notre location. Dès une légère accalmie perceptible, je décide de retourner au parking de notre voiture pour ensuite venir récupérer Carole.

Alors que nous ne sommes qu'à quelques kilomètres de notre lieu de vacances, la violence des éléments provoque des inondations coupant des routes par des torrents spontanés. Notre GPS nous indique un trajet alternatif. Nous nous y engageons peu rassurés toutefois, car qui nous dit qu'un autre torrent ne va pas traverser la route et nous tendre un piège.

Nous roulons sur une petite route, au milieu des vignobles dont je pressens que la future récolte va être quelque peu compromise.

Nous arrivons enfin à notre lieu de villégiature, jolie dépendance d'une propriété viticole que nous devons apprivoiser à la lueur de bougies, conséquence de cet aléa climatique que nous avons essuyé.

Au moins cet épisode ne nous fait-il plus penser à cette faucheuse Alzheimer, même si à cette heure nous ne mesurons pas ce que cette maladie va nous faire endurer les mois et années à venir.

La fin de soirée puis la nuit réussissent à faire revenir l'accalmie.

Le matin levé, au sortir de la maison, nous découvrons un paysage romantique, bucolique, poétique, esthétique.

Le soleil naissant fait remonter une brume qui semble vouloir dévoiler doucement une beauté naturelle, chaste et pudique.

Enfin des nuances de couleurs apparaissent entre les vallons, les courbes, la route sinueuse qui serpente entre les cyprès comme coupés au cordeau, les arpents de vignes, les alignements d'oliviers et quelques demeures qui laissent deviner le passé prestigieux qu'elles abritent.

Toute une palette impressionniste de bleus, verts et sable se révèlent dans un subtil et magnifique paysage.

La Toscane s'éveille comme un hymne à la vie, comme pour nous dire : « nous sommes tous égaux devant la contemplation du beau et de l'harmonie ».

Aucune adversité, épreuve, ni maladie ne peut avoir d'emprise. Et je me dis alors : Carpe Diem ! vivons le temps présent, savourons ces douces journées qui nous sont offertes, ces moments en famille simples et chaleureux.

La lumière toscane ne s'arrête pas, ne se réfléchit pas. Elle traverse, saupoudre. On dirait que chaque particule irradie, que le soleil a éclaté en milliards de soleils sourds.

Jacques Perry

4
La rentrée

Dès notre retour à Toulouse, il me faut prévoir, anticiper, gérer cet avenir incertain…

La priorité, prévenir mon employeur : je souhaite pouvoir quitter mon entreprise avant l'âge légal de départ en retraite. Même si je pressens que ma position risque à un moment ou à un autre d'être la victime d'une réorganisation à l'échelon européen, je renonce à m'armer de patience pour attendre le moment le plus opportun financièrement.

Ma priorité est bien plus de me rassurer sur une date de départ qui me permettra d'être au plus tôt auprès de Carole pour l'accompagner et la soutenir.

Je me donne donc comme objectif fin 2020, soit dans un peu plus d'un an. L'avenir donnera raison à cette décision de départ anticipé.

Est-ce trop lointain, je ne le sais évidemment pas, mais l'échéance me semble raisonnable.

Après tout, pourquoi l'annonce d'un diagnostic viendrait-elle accélérer subitement les décisions ?

De plus il me faut protéger mes droits à une retraite pleine et entière et ne pas subir la moindre amputation financière pénalisante et définitive.

Car il faut le dire honnêtement et sans détour : il n'existe aucune disposition législative qui permette à un aidant de quitter son emploi de façon définitive sans en être lui-même pénalisé sur ses ressources financières, alors même qu'il va consacrer un temps plein et de façon pérenne à l'aide de son conjoint, et être amené à engager des dépenses additionnelles liées à la survenance de la maladie, toutes n'étant pas éligibles à une prise en charge complète ou partielle.

Je ne dis pas qu'aucune aide n'est octroyée, loin de là, mais qu'en ce qui concerne celle qui permettrait de concilier vie d'aidant et activité professionnelle ou retraite anticipée, il reste, à l'heure où j'écris ces mots, des pistes à explorer et à mettre en œuvre.

L'aide ne peut en effet être limitée dans le temps puisque cette maladie est dégénérative et incurable, et que les ressources de l'aidant pour vivre doivent être garanties.

Alzheimer, une cause nationale ?

L'aidant, quelle que soit la maladie, doit être doté d'un statut à part entière. Il doit pouvoir décider librement de se consacrer à l'accompagnement, sans être pénalisé financièrement dans le présent et pour le futur. Il doit pouvoir bénéficier de toutes les aides que peut lui apporter la communauté.

*

* *

Il me faut donc annoncer la nouvelle à ma hiérarchie. Le retour est plutôt réconfortant : je rencontrerai le directeur des ressources humaines dans le courant de l'automne.

La vie reprend son cours…

Malgré ma position de direction internationale, de façon concertée avec mes interlocuteurs, je réussis à limiter mes déplacements en France et à l'étranger.

Pourtant le rythme reste intense entre rencontres avec mes équipes à Rotterdam, Lisbonne ou Barcelone, réunions du comité social et économique et allers-retours au siège de la filiale française à Lyon, etc.

Heureusement les moyens de visioconférence permettent de pallier à ma participation en présentiel. Ils commencent à s'inscrire dans la politique même de l'entreprise, visant à limiter des déplacements toujours coûteux et mangeurs de temps et d'énergie.

Les confinements successifs seront d'ailleurs comme une estocade portée aux habitudes séculaires dans les grandes entreprises, avec l'instauration plus systématique du télétravail et des réunions par vidéo.

*

*   *

Carole continue de dévorer des bouquins qui sont venus s'amonceler dans la bibliothèque du 1er étage, et poursuit ses activités de bricolage dans son atelier.

La lecture est pour elle une passion et un loisir depuis toujours. Les goûts de Carole sont très éclectiques tant elle a une curiosité naturelle, une soif de découverte de nouveaux horizons littéraires, d'une nouvelle plume ou de thématiques originales.

Néanmoins ce qu'elle préfère avant tout, ce sont les romans et entre autres, ceux aux intrigues policières les plus noires possibles.

Je formule intérieurement le vœu que ce passe-temps demeure aussi longtemps que possible tant il lui procure du bonheur.

Les médecins sont plutôt encourageants à ce sujet.

Je refuse résolument de croire qu'une telle mémoire puisse être altérée en profondeur par cette foutue maladie.

*

*   *

Lorsque le confinement est imposé début 2020, c'est une chance qui m'est donnée d'être au plus près de Carole un peu avant l'heure. Les séances d'orthophonie ont commencé et j'ai demandé à pouvoir disposer d'exercices à lui faire faire quotidiennement, souvent à l'heure du café, sous la pergola du jardin, pendant ma pause déjeuner. Le rythme est pris, c'est comme un rituel.

Le matin après notre petit déjeuner nous faisons un tour des abords de la maison et je fais deviner à Carole des noms de fleurs et de plantes.

C'est aussi un exercice olfactif auquel nous nous prêtons, en cette saison printanière qui donne à la nature de nous révéler ses parfums subtils et parfois enivrants.

Défi à double titre, car Carole n'a jamais été vraiment tournée vers le jardinage !

Nous suivons le même rituel dans la cuisine, en faisant le tour des ustensiles culinaires pour essayer de les nommer un à un. En cas de difficulté, nous ne nous attardons pas afin de ne surtout pas faire naître chez elle un sentiment d'échec. L'objet est nommé et nous n'y reviendrons qu'un peu plus tard.

La vie s'écoule ainsi avec ces exercices quotidiens, mais en même temps sans grands bouleversements ou évolutions qui pourraient m'inquiéter.

Néanmoins, je sens bien que ma mission est désormais d'être auprès de Carole à plein temps. Je réussis à négocier de partir un peu plus tôt pour pouvoir être totalement dégagé de mon activité professionnelle intense et exigeante.

Les derniers mois sont davantage consacrés à préparer ma succession et à passer le flambeau à ceux qui vont prendre le relais, car ma position ne sera pas maintenue en tant que telle. Il en est souvent ainsi de rôles de management international qui sont tributaires des choix de gouvernance dans les groupes.

Mon nouveau supérieur hiérarchique à Munich me demande de lui faire des recommandations prenant en compte le futur modèle d'organisation qui semble se dessiner.

La tâche est difficile, mais a été mûrement réfléchie depuis maintenant plusieurs mois. Elle permettra à certains de mes collaborateurs une évolution qui répondra, je l'espère, à leurs aspirations et récompensera un engagement professionnel éprouvé.

Le jour de mon départ, mon patron me confiera qu'il vit avec son père, lui aussi malade.

La date fatidique arrive donc : le 30 septembre 2020, je quitte physiquement l'entreprise. Curieusement les au revoir se font par visio-conférence ou par courriel compte tenu du télétravail imposé. Des messages et témoignages touchants, parfois insoupçonnés, démontrent que bien au-delà des tensions et de la pression qui peuvent survenir dans une vie professionnelle, ce sont bien les relations humaines qui permettent d'avancer.

Nous réussissons à nous réunir autour d'une table en comité restreint pour fêter simplement ce départ. Cela me fait chaud au cœur. Tous ces témoignages d'amitié reçus d'une façon ou d'une autre évoquent chacun tant de moments partagés.

*

*   *

J'ai prévu de partir en Périgord noir quelques jours avec Carole pour marquer la césure, lieu de séjour fabuleux, gastronomie hors pair ; ce qui n'est pas si difficile dans cette région bénie des dieux : Beynac, Cazenac, Sarlat…

Durant notre périple, la visite passionnante et émouvante du fac-similé de Lascaux à Montignac nous plonge dans le mystère de cette grotte pendant plus d'une heure trente.

Lorsque vous arrivez sur les lieux, ne vous laissez pas impressionner par ce bâtiment moderne qui ne laisse pas présager de l'expérience hors du commun que vous allez vivre, dans une fascination et un presque recueillement devant tant de beauté et d'excellence de l'art. Là encore des moments vécus qui nous font oublier la maladie et goûter aux joies simples de la vie.

Que va être l'après ? La question ne me taraude pas. Et si Carole devait rester longtemps avec cette difficulté de mémoire… Après tout, il y a bien des personnes qui vivent avec une béquille toute leur vie.

5
La dynamique des protocoles

Les neurologues ont tenu leur promesse, nous sommes invités à participer à un protocole de recherche Eremad qui mesure les effets de la maladie sur l'apnée du sommeil. Il s'agit donc de surveiller le sommeil de Carole et d'en tirer des conclusions scientifiques.

Un autre protocole, VIP, nous est proposé. Il consiste à tester à la fois une nouvelle molécule et un procédé de scanner PET SCAN. Nous ne savons pas si nous sommes ou non dans le groupe actif (celui qui reçoit la molécule) ou dans le groupe placebo, mais nous suivons docilement les instructions. En début et fin de protocole, Carole doit passer des tests psycho techniques destinés à évaluer son MMSE (Mini-Mental State Examination), subir une ponction lombaire, mais également des scanners. Il en sera de même en fin de protocole.

Cela crée une dynamique et de facto un suivi particulier et plus rapproché de l'évolution de la maladie.

Motivé par cet élan, j'en oublie même les actes médicaux que doit subir Carole, parfois douloureux et surtout longs et fastidieux.

Les résultats sont plutôt encourageants : la mémoire visuelle reste bonne et stable, bien que la mémoire verbale soit davantage altérée.

Mais un jour le deuxième confinement arrive et tout s'arrête : soutien orthophonique, consultations, essais cliniques, mais également pour nous, sorties et voyages. J'essaie de compenser par des exercices sur ordinateur, mais je sens comme une chappe de plomb qui s'est abattue et dont je suis convaincu qu'elle a eu un effet dévastateur sur l'évolution de la maladie.

*
* *

Lorsqu'on a la chance et la possibilité de participer à un essai clinique, on est comme emporté dans une dynamique d'espoir qui nous laisse à penser que ce qu'on teste sera pour nous un bénéfice, même si on est pleinement conscient que cet essai n'est qu'une étape dans le long chemin de la recherche médicale.

La mise sur le marché d'un nouveau médicament ou procédé prend en effet des années.

De plus pour la maladie d'Alzheimer quand elle survient à un âge jeune, les deux priorités sont pour la recherche médicale, le dépistage précoce, comme cela existe déjà pour certaines formes de cancers, et le traitement au stade débutant afin de tenter de ralentir pour un temps le déclin cognitif.

C'est donc une course contre la montre qui est engagée, mais sans assurance qu'on puisse en tirer quelconque bénéfice

Même si ces protocoles n'ont pas débouché sur une amélioration ou même un léger ralentissement de la maladie, nous avons pu ainsi contribuer à faire avancer modestement la recherche scientifique. C'était le désir de Carole, elle l'avait exprimé de façon très explicite.

6
Tu ne crois pas que je devrais arrêter de conduire ?

Je dois subir une coloscopie et donc être raccompagné en voiture sans prendre le volant, ce que je trouve d'ailleurs surprenant compte tenu du caractère indolore de l'intervention.

Carole conduit pour le trajet de retour de la clinique. C'est l'heure de sortie des bureaux et il y a beaucoup de circulation. À un rond-point, Carole s'engage sans ralentir, risquant ainsi de couper la priorité à un bus. Je l'alerte in extremis et, par un coup de frein énergique, elle stoppe le véhicule.

Une telle inattention peut arriver à chacun d'entre nous, mais au-delà de la peur que cela éveille en moi, j'ai un questionnement sur la cause de cet incident : Carole a bien vu le bus arriver, mais elle a quand même décidé de s'engager au dernier moment.

Un autre matin, Carole vient me chercher au garage où j'ai déposé ma voiture pour une révision. Je la vois arriver de loin sur cette longue ligne droite et quand elle est à ma hauteur, elle doit traverser la route pour opérer un demi-tour. Un camion arrive en sens inverse. Je pense que Carole va attendre qu'il passe pour ensuite faire son demi-tour, mais à ma grande frayeur, elle effectue cette manœuvre au dernier moment. Le camion freine, tout en klaxonnant et faisant des appels de phares.

Je n'ose pas aborder le sujet lorsque nous rentrons, mais je suis taraudé et angoissé à l'idée qu'elle reprenne la voiture seule. Pour elle, bien sûr, mais aussi pour les autres.

Un troisième incident me pousse à en parler aux soignants : Carole, en manœuvrant sur un parking de supermarché, heurte une voiture en stationnement et continue son chemin. Que s'est-il passé ? Carole ne s'est bien évidemment pas rendu compte du choc.

Néanmoins son numéro d'immatriculation a pu être relevé et ce sont les gendarmes qui se présentent à notre domicile quelques jours plus tard. Ils sont compréhensifs, voyant qu'ils n'ont pas à faire à des chauffards ni à un délit de fuite.

Je contacte au plus vite les personnes victimes de cet accrochage pour prendre rendez-vous avec eux sur le parking. Les dommages ne sont que superficiels et je leur explique la situation qu'ils comprennent également.

Arrêter la conduite, c'est retirer une partie importante de son autonomie : aller voir des amies, faire des courses, aller à ses propres rendez-vous, participer à des activités…

C'est aussi la rendre dépendante de moi pour toute démarche qui nécessite l'utilisation de sa voiture. C'est enfin lui ôter la possibilité d'avoir des moments qui n'appartiennent qu'à elle.

Je suis donc décidé à contacter France Alzheimer dans la matinée pour leur confier mon inquiétude, mais aussi mon questionnement sur la position à adopter.

Nous prenons notre petit déjeuner, Carole me dit spontanément :

— Tu ne crois pas que je devrais arrêter de conduire ?

— Je suis soulagé que tu m'en parles, mais cela doit être ta décision.

— Je crains pour moi et aussi pour les autres.

— C'est vrai que j'ai eu peur à plusieurs occasions…

Ainsi l'étape douloureuse est franchie : il faut renoncer à la conduite, se soumettre au bon vouloir de son compagnon, se résigner à ne plus vivre par soi-même en s'offrant des moments de liberté et d'autonomie.

Si je me sens soulagé qu'une telle décision soit prise, je me sentirai longtemps coupable de l'avoir comme entravée d'une liberté essentielle, comme amputée, peut être prématurément de la possibilité de continuer à stimuler ses capacités cognitives.

Je suis à peu près convaincu à présent que c'était le moment où il fallait le faire.

7
Je pensais que tu ne reviendrais pas…

Maman habite à Nîmes sur l'une de ces sept collines qui font que cette ville est à juste titre nommée « La Rome Française », lieu de villégiature des vétérans de la campagne d'Égypte, cité bénie des dieux dans ce pays du Languedoc.

Nemausus bénéficie d'une source d'origine mystérieuse, au-dessus de laquelle Le Nôtre a su dessiner les Jardins de la Fontaine, pleins de grâce et de majesté, comme entrelacés autour des bains romains, dans un état de conservation tel qu'il nous fait nous plonger dans cette époque lointaine qui a fait l'apogée de cette région.

C'est ici que j'ai grandi et où ma maman a continué de vivre dans ce que l'on appelle les Hauts de Nîmes, quartier de villas à dimensions variées, mais toutes dans un style méditerranéen respectueux des traditions architecturales, et cohabitant sans heurt avec les vieux mazets des garrigues toutes proches.

La maison de maman nous accueille toujours bien volontiers, et lors de nos séjours d'un week-end, nous ne manquons pas une virée en Camargue ou en Provence, ou une petite marche le long du presque insolent parcours de golf, tant son green est soigné, british, et parfois contrastant avec l'aridité environnante.

Ce matin où le soleil méditerranéen vient poser comme un châle sur nos épaules avec son rayonnement bienfaisant, maman propose à Carole un début de promenade que je rejoindrai sous peu, étant affairé à me replonger dans de vieux papiers ou photos, évocateurs de souvenirs du passé.

Elles ont commencé à faire quelques pas et je sais combien Carole est en zone de confort auprès de maman qui lui témoigne tant d'affection. Mais Carole est comme séparée d'un lien quotidien et cela la perturbe :

— Mais il est où Thierry ?

— Il nous rejoint dans quelques minutes…

Je perçois cette dépendance qui s'installe inéluctablement et qui me touche bien sûr, mais montre d'évidence la fragilité dans laquelle est plongée la personne atteinte de la maladie.

*

* *

Quelques mois se sont écoulés…

Au printemps, je réussis à concrétiser le cadeau de départ en retraite de mes anciens collègues : un week-end à l'observatoire du pic du Midi dans les Pyrénées.

Nous sommes à la fin de l'hiver, mais nous savons qu'à plus de 3 000 m d'altitude, les conditions climatiques peuvent ne pas être clémentes.

Je ne peux y aller avec Carole, en raison de son état de santé et c'est mon gendre Wladislaw qui m'y accompagne.

Albane reste donc avec sa maman. En notre absence, elle l'emmène faire du shopping. Dans la voiture, Carole, le regard perdu, se tourne vers sa fille et lui dit :

— Mais tu es qui toi ?

Je ne peux traduire ce qu'a pu ressentir Albane à ces paroles, mais je suis saisi d'effroi de ce que la maladie vient toucher au plus profond de Carole : non seulement elle réalise plus tard ce qu'elle a dit, mais en même temps elle est totalement impuissante face à ce vide qui peut se créer entre elle et l'autre, même s'il est l'être le plus cher, la chair de sa chair.

Cette souffrance nous atteint tous. C'est parfois révoltant, cela peut générer une colère, un ressentiment : « À quoi cela sert-il si elle ne me reconnaît pas ! »

Lorsque je rentre, il y a comme un regard un peu réprobateur, puis rapidement nos gestes et rites habituels reprennent et permettent de réaccrocher les amarres à ces repères du quotidien qui se sont construits entre nos deux personnes.

C'est une question épineuse que celle de la séparation même de courte durée entre l'aidant que je suis, et l'être aimé, mais dépendant qu'est devenue Carole.

Il faut bien sûr se faire aider, recourir aux auxiliaires de vie, mais le temps libéré est souvent consacré à des tâches qu'il est difficile de faire en sa présence : gérer les paperasses, passer des coups de fil… Où est-il le temps de détente, des activités personnelles ? Violoncelle, jardinage…

Des renoncements certes il y en a, mais je ressens en premier lieu un engagement à aider mon épouse qui a tant donné de sa vie, de son corps…

Il est impératif malgré tout de s'assurer des moments de détente, de récréation et d'isolement. Ce peut être le soir lorsqu'on se retrouve seul, mais aussi en quittant le domicile et donc en confiant son conjoint à des proches, l'espace de quelques heures, d'une journée ou de plusieurs.

Le pas est difficile à franchir tant le lien est fort, et la fragilité tellement palpable qu'on craint de briser quelque chose, d'être la cause d'une inquiétude voire d'une angoisse.

*

* *

Un matin Carole doit se faire faire un bilan sanguin et je décide de la laisser entrer seule dans le laboratoire, me disant que cela sera une stimulation, un petit défi à relever que de devoir se présenter seule au guichet, remettre ses documents puis attendre son tour.

Quelques minutes après, elle ressort inquiète, me cherchant du regard, car elle n'a pu retrouver sa carte vitale et a remis à la place sa carte bancaire. Je m'en veux de l'avoir ainsi laissée livrée à elle-même, pensant qu'à cette époque elle pouvait encore assumer une telle démarche.

La maladie nous impose jour après jour sa présence de plus en plus prégnante et parfois de façon violente.

*

* *

Quelques mois plus tard, je pars avec Christine et Pierre, un couple d'amis de longue date, à Tamariu où nous aimons aller séjourner avec Carole. Je vais m'y rendre seul, car ses problèmes de maux de ventre rendent difficile d'envisager ce périple. Mais je dois me rendre à l'évidence : la vraie raison est que je suis très fatigué, au bout du rouleau…

Les signes avant-coureurs sont évidents, comme des clignotants d'alarme qui s'allument successivement et surtout de plus en plus fréquemment : soupirs, remarques qui traduisent de l'agacement, vision pessimiste et désespérée de l'avenir, ressenti d'être épuisé même au réveil…

Néanmoins, je suis envahi par un sentiment de culpabilité de laisser Carole seule, même si sa sœur Laurence sera présente et saura l'entourer et l'aider avec affection et efficacité.

La psychologue, l'entourage familial et amical me poussent à partir quelques jours. Il est vrai que je ne me vois pas poursuivre ainsi sans recharger les batteries.

Nous partons donc pour 3 nuits dans un hôtel confortable, les pieds dans l'eau. Nous nous baignons tous les jours, parlons beaucoup.

Je me rends compte que mes interlocuteurs doivent être bien patients à m'écouter m'épancher et à partager mon vécu, mes inquiétudes et questionnements. Car dès que j'aborde la maladie, je suis intarissable.

Nous empruntons les sentiers marins par endroit assez sportifs, visitons quelques lieux chargés d'histoire : le château de la compagne de Dali, Gala, à Pubol, et les villages médiévaux de Pals et Peratallada. Nous goûtons à cette cuisine simple du bord de mer. L'arrière-saison est belle, ensoleillée, de température agréable.

Je prends des nouvelles matin et soir de Carole. Le premier jour je passe en fin de journée un appel vidéo avec WhatsApp :

— Tu vas bien ma chérie ?

— Non, ça ne va pas du tout. Tu me manques !

Laurence, qui est à côté, lui chuchote « On fait des activités quand même, on ne s'ennuie pas... ». Je suis gêné vis-à-vis d'elle, mais je sais qu'elle saura faire la part des choses.

— Tu vas revenir ?

Je raccroche peiné de cette réaction, me sentant coupable d'être parti.

Je prends quelques minutes pour essayer de me convaincre que c'était malgré tout une sage décision que de prendre un peu de répit avec mes amis.

Le jeudi, c'est l'heure du retour à Lafitte Vigordane pour déjeuner à la maison.

Après quelques échanges sur notre périple, Carole me demande :

— Pourquoi tu ne m'as pas emmenée ?

Un silence gêné se fait sentir autour de la table

— Tu étais trop fatiguée pour cela, c'est pour cette raison.

Au moment de notre sieste rituelle, je vois bien que Carole s'est renfermée. Je lui demande pourquoi.

— Tu vas bien Carole ?

— Qu'est-ce que tu veux que je te dise ? Tu m'as abandonnée. Je ne suis pas intéressante. Tu n'es pas bien avec moi.

— Je te l'ai dit Carole, je suis parti quelques jours parce que j'avais besoin aussi de me reposer, les médecins me l'ont conseillé et tu ne pouvais pas m'accompagner, car tu étais fatiguée avec tes maux de ventre. Ce n'est pas parce que je ne suis pas bien avec toi que je me suis absenté.

— Tu aurais pu me demander. Tu es malheureux avec moi. J'ai cru que tu ne reviendrais pas.

Je me sens coupable, honteux même. J'en ai bien parlé à Carole avant, mais je ne lui ai pas demandé si elle voulait m'accompagner. Tout simplement parce que je ne me sentais pas la force d'être à nouveau aidant durant ces quelques journées.

J'étais épuisé…

Le jour passant, Carole semble être plus rassurée, plus détendue. Les petits rituels reprennent. Quelques sourires et baisers sont échangés.

Néanmoins, ces phrases me reviennent souvent : qu'ai-je donc fait pour qu'elle ait le sentiment que je suis malheureux, que je ne veuille plus d'elle avec moi ? J'ai tout raté, je lui ai fait percevoir mon aide au quotidien comme un devoir et non comme de l'amour.

Quelques jours plus tard, la psychologue m'apporte un éclairage : Carole ressent de la culpabilité. Elle s'en veut de ne plus être la femme qu'elle était, l'épouse qu'elle devrait être selon elle, la charge qu'elle pense représenter pour moi « ce n'est pas à toi de faire cela ». Elle mesure d'une certaine manière ses limites, perd ainsi l'estime qu'elle a d'elle-même.

Le moment de séparation est aussi souffrance et anxiété pour elle : pourquoi suis-je parti, vais-je revenir ?

« De toute évidence, tout cela est à cause de moi qui suis malade. Je deviens inintéressante et de plus, je rends mon entourage malheureux. »

On évoque trop souvent, trop rapidement, une personne atteinte d'Alzheimer comme demeurant dans son monde, ne réalisant pas de quoi elle est atteinte, et donc indifférente d'une certaine manière à son entourage.

Carole n'est pas dans cette situation-là. Même si ses capacités cognitives sont entamées, sa capacité émotionnelle et sa lucidité sur ce qu'elle vit sont bien présentes.

C'est une souffrance que je n'arrive pas à imaginer et qui me fait beaucoup de peine.

8
Ce que je veux, c'est rester à la maison avec mon mari

Cela fait plusieurs mois que des intervenants m'évoquent la possibilité de proposer à Carole un accueil de jour ou une halte répit un ou deux jours par semaine, qui me permettraient de souffler un peu l'espace d'une journée, et pour elle, d'avoir des activités et des rencontres avec d'autres personnes atteintes, comme elle, de cette maladie.

Je décide donc de nous rendre à l'unité ouverte dans notre ville de proximité, à l'invitation d'une infirmière rencontrée chez des amis, mais je suis intimement convaincu que cela ne lui conviendra pas.

L'accueil est chaleureux, délicat, mais voir par un regard furtif jeté du couloir les pièces où sont assises des personnes qui semblent attendre je ne sais quoi ou être plongées dans leur univers intérieur, me donnent l'envie de rebrousser chemin.

Carole n'a jamais vraiment apprécié les structures de groupe comme les voyages organisés où, pendant les soirées d'animation, on vous invite à danser la danse des canards en file indienne !!!

De plus se trouver confrontée à sa propre maladie à travers l'effet miroir produit par les autres malades ne lui plaît pas, et on peut le comprendre.

Malgré tous les efforts faits par l'infirmière et la psychologue pour la rassurer, je vois bien que le visage de Carole est à la fois fermé et surtout inquiet. Thierry va-t-il décider pour elle contre sa volonté ?

— Carole, qu'est-ce que vous voulez ?

— Ce que je veux, c'est rester à la maison avec mon mari.

Cette phrase est dite comme une supplication.

C'est bien évidemment ce que Carole aura décidé qui sera pris en compte, et d'une certaine manière cela me rassure, car je ne désire pas cela pour elle. Et tant pis pour le temps de répit proposé.

En lisant le rapport d'activité 2021 de la Fondation Médéric Alzheimer, je me rends compte que nous avons de la chance d'avoir eu cette proposition d'accueil de jour.

En effet seul un tiers des accueils de jour ayant répondu à l'enquête déclare accepter des personnes malades de moins de 60 ans. Dans certains départements, il n'y a pas d'accueil de jour accessible aux malades jeunes.

De plus, en France, les malades âgés de moins de 60 ans relèvent du secteur du handicap !

C'est pour cela que l'Aide à la Perte d'Autonomie (A.P.A.) n'est accessible qu'après 60 ans. Avant cet âge charnière, il faut demander la Prestation de Compensation du Handicap (P.C.H.).

Pourquoi ne pas fusionner ces deux prestations qui sont, somme toute, comparables en bien des points ? De plus, en quoi le handicap ne serait-il pas une perte d'autonomie ? En quoi la perte d'autonomie ne constituerait-elle pas une forme de handicap ?

Et pourquoi cet âge charnière de 60 ans ?

Tout cela mériterait d'être simplifié d'autant que ce sont les conseils départementaux qui gèrent ces 2 prestations.

Un vrai chantier est à mettre en œuvre pour harmoniser, élargir et rendre plus facilement accessibles non seulement les droits, mais aussi les aides.

*

*   *

Lorsque je me projette dans l'avenir, je n'envisage pas autre chose que d'être avec Carole, chez nous, tous les deux, jusqu'au bout du chemin.

J'ai voulu savoir s'il y avait une échéance, un compte à rebours. Carole me montre à chaque instant que l'essentiel n'est pas là, que c'est chaque journée qui doit être vécue comme si c'était la dernière. Il n'y aura pas d'accalmie, de mer calme après la tempête, de soleil après l'orage. De temps à autre, nous aurons peut-être la joie intérieure de contempler un arc-en-ciel chatoyant, mais tellement fugace.

Il s'agit plutôt d'un voyage vers un pays dont on ne revient pas. On ne sait pas grand-chose de la destination ni dans combien de temps et dans quelles conditions on va l'atteindre !

L'engagement de notre amour « pour le meilleur et pour le pire » c'est donc aussi de mourir dans les bras l'un de l'autre.

Oui je ne sais pas de quoi sera fait demain, mais à chaque jour suffit sa peine.

*

*   *

Combien de fois ai-je vu et entendu Carole, après une séance avec l'auxiliaire de vie, retrouvant à nouveau mon visage, d'un sourire éclatant me dire :

— Ah, tu es là !

Quitter une pièce où elle se trouve pour aller chercher une bûche afin d'alimenter le poêle à bois ou simplement relever le courrier sont ressentis par Carole au bout de quelques minutes à peine comme une séparation.

Anna, l'auxiliaire de vie, me confie parfois quand je la raccompagne au portail de la maison, ce que Carole lui exprime :

— Carole me demande en permanence où vous êtes. Elle a peur de vous perdre.

*

*   *

Nous sommes à l'hôpital, car Carole ne s'alimente plus.

Lors d'un précédent séjour, j'ai pu dormir avec elle. Mais cette fois-ci les soignants l'ont refusé, pour me préserver, je crois.

Je suis auprès de Carole chaque début d'après-midi. Lorsque vient le moment de partir, il me faut lui dire au revoir :

— Je vais rentrer à la maison.

— Il est où ton lit ?

— Il n'y en a pas, car je ne peux pas rester dormir avec toi.

— Mais comment tu vas faire ?

— Je vais rentrer, et demain, je viens te voir avec Clémence.

— Mais tu dors où ? Je veux qu'on dorme ensemble.

Je ne sais où va mon chemin, mais je marche mieux quand ma main serre la tienne.

Alfred de Musset

9
Je te regarde et tu es très beau !

Chaque matin est un rituel auquel il faut porter une attention particulière, qui conditionne un peu le début de la journée. Est-il empreint de joie, de précipitation, de contrariété ?

Mes yeux à peine ouverts, ma compagne me dit :

— Ça y est, c'est terminé ?

Son sommeil est plus léger que le mien. Quelles sont ses pensées ? est-elle inquiète, voire angoissée, ou s'ennuie-t-elle simplement ?

Nous nous levons. Je la sens comme rassurée de la naissance d'un nouveau jour, comme libérée d'un je ne sais quoi ?

Nous descendons l'escalier main dans la main. Carole connaît son rôle pour la préparation du petit déjeuner : apporter le beurre et la confiture. Je me charge de lui donner les couverts.

— Il me manque quelque chose, me dit-elle.

Mais oui, bien sûr, c'est sa biscotte !

Sitôt dit, sitôt fait…

Elle étale avec minutie le beurre, puis la confiture, et commence doucement à la déguster. Les gestes sont lents, mais je perçois une attention au présent, aux saveurs ressenties, et cela à chaque repas. Il n'y a pas cet empressement trop fréquent, cette inattention à ce que nous mangeons tout en faisant autre chose.

Vivre le moment présent est la dimension première de cette maladie qu'il faut respecter scrupuleusement, rigoureusement, tant cela peut être source de plaisir, de paix ou a contrario d'anxiété, de contrariété.

L'heure est venue d'aller nous habiller. Il me faut préparer ce moment d'intimité. L'eau sera-t-elle à la bonne température pour lui procurer un peu de bien-être et peut-être une sensation de sécurité ?

Je n'interviens que pour les gestes nécessaires, pour compléter ce qui a été oublié, apporter ce qui pour chacun d'entre nous procure du bien-être : une pommade pour les joues, un baume sur les paupières, un parfum dans le cou.

— Cela sent bon, me dit-elle, avec un petit sourire.

J'ai donné à Carole le peigne et en se coiffant elle regarde attentivement la glace

— Est-ce que ça va, me dit-elle ?

Un regard attentif vers le miroir accompagne ses gestes méticuleux. Je repose le peigne.

— Je te regarde et tu es si beau.

— Mais toi aussi, ma chérie, tu es belle. En fait. Nous sommes tous les deux très beaux.

— Oui, me dit-elle, souriant à nouveau.

*

* *

Nous avons dans notre chambre une photo de notre couple prise sous un carbet en bois aux 3 îlets, lors d'un voyage en Martinique. Nous l'aimons beaucoup, car nous avons l'un et l'autre un visage détendu et souriant, traduisant le bonheur de vivre un temps de dépaysement et de découvertes, équilibré par des temps de repos et de farniente à l'ombre des cocotiers, sur la plage des Salines.

Carole m'a souvent interpellé en regardant cette photo pour me dire :

— Nous étions beaux ! C'était bien.

Aujourd'hui les mots choisis sont différents, tributaires de sa capacité à les retrouver, à reconnaître dans l'immédiateté des visages, même des plus familiers :

— J'aime bien ce tableau. Là c'est qui ? C'est lui, j'en suis sûr. C'est Amau…

Mais Carole stoppe net le prénom qu'elle allait énoncer, se rendant peut-être compte de sa confusion :

— Tu le reconnais ? C'est qui ?

— Là, c'est toi,

me dit-elle en tournant son regard souriant vers le mien, heureuse et peut être soulagée d'avoir ainsi pu mettre un prénom sur ce visage familier, mais l'espace d'un instant impossible à nommer.

— Et là c'est qui ?

— Je ne sais pas

— C'est toi ma chérie.

— C'est sûr ?

— Mais oui c'est sûr et tu vois comme tu étais jolie

Carole tourne à nouveau son regard vers le mien, apaisée d'avoir pu renouer les petits liens si fragiles qui parfois se distendent avec les souvenirs, les personnes et les lieux.

*

* *

Au moment où nous nous installons au salon pour le rituel du goûter, je propose à Carole un fauteuil confortable qui peut s'incliner et permettre de concilier ainsi repos et présence.

— Tu veux t'asseoir dans le fauteuil ?

— Je ne sais pas ce qui est le mieux ? Où tu es toi ?

— Moi je suis sur le canapé

— Alors je me mets avec toi.

Je lui ai préparé une coupelle de rochers à la noix de coco, accompagnées d'un verre de jus de fruits, posés sur une petite table facilement accessible depuis le canapé.

Carole jette un regard satisfait sur l'ensemble puis saisit un rocher, puis deux, puis trois… qu'elle porte à sa bouche avec une lenteur qui exprime de la délectation, du plaisir de savourer ce moment simple de la vie.

Je t'aime dans le temps. Je t'aimerai jusqu'au bout du temps. Et quand le temps sera écoulé, alors, je t'aurai aimée. Et rien de cet amour, comme rien de ce qui a été, ne pourra jamais être effacé.

Jean d'Ormesson
Un jour je m'en irai sans avoir tout dit

10
Dieu est parfois déconcertant

Je suis croyant, élevé dans la foi catholique.

L'idée d'un Dieu incarné est réconfortante bien que pour moi un mystère entier.

Dieu pleinement homme !

Tout cela reste un questionnement, mais en même temps cette relation au divin est profondément humanisée, et c'est ce qui me touche dans la religion catholique.

Comment vivrais-je ma foi de croyant si j'étais né à l'ombre d'une mosquée et peut-être musulman, ou dans les hauteurs de l'Himalaya et peut-être bouddhiste ?

J'ai toujours considéré que c'était un privilège que d'avoir pu être élevé dans ce cadre spirituel qui nous propose une vérité universelle, celle de la présence d'un Dieu qui s'est fait homme par l'instrument d'une jeune fille de Palestine.

De mon point de vue, ce territoire devrait être sacralisé. Je suis dévasté par ce conflit permanent entre juifs et palestiniens qui semble être sans issue.

L'exemple que j'ai reçu de mes parents a été de vivre les préceptes qui sont relatés dans l'évangile et qui sont l'attention aux pauvres, la générosité, l'accueil des démunis, le combat pour la justice. J'aurais un long chemin à parcourir pour être à la mesure de ce qu'ils ont donné.

Je n'ai finalement jamais été confronté à une épreuve de la vie telle qu'il faille l'inscrire avec douleur dans le chemin de foi.

Il y aura eu, certes, des peines, des chagrins, des souffrances, mais dont on pourrait supposer, espérer qu'elles s'inscrivent dans un temps limité, un coup de feu, une tempête avec finalement après, le calme, l'éclaircie, le soleil.

Aujourd'hui est tout autre. Quel que soit l'angle par lequel on regarde les choses, on ne peut que constater que la maladie va faire son chemin, jour après jour, sans machine arrière possible et avec une détérioration inexorable.

*

*   *

Lorsque j'ai rencontré Carole, parmi les premiers échanges que nous avons eus, c'est le désir de fonder une famille nombreuse qu'elle a exprimé.

Je suis convaincu que Carole ne se serait pas satisfaite d'un garçon qui n'aurait pas partagé son projet, son désir.

Carole était particulièrement jolie : des yeux bleus, une silhouette on ne peut plus féminine, sensuelle et douce, réservée, mais volontaire, intelligente et généreuse. J'aimais ses tenues qui laissaient deviner les jolis contours de son corps.

Elle était séduisante. Elle avait un regard malicieux, charmeur et tendre, qu'elle a toujours bien sûr. On m'a souvent dit combien elle ressemblait à Lady Di et cela n'est en aucun cas exagéré. J'ai même eu l'idée saugrenue de mettre en parallèle des photos de l'une et de l'autre.

Ma seule crainte serait qu'on me compare au Prince Charles, ainsi qu'on l'appelait avant qu'il ne soit souverain, et pour lequel je n'ai aucune indulgence quant à sa conduite vis-à-vis de son épouse.

Le matin après sa toilette et quand elle est parfumée, nous mettons une chanson latino interprétée par Arielle Dombasle et Carole se met à danser. Je retrouve son regard de jeune fille, ses yeux bleus et son sourire dévastateur.

Carole a tout donné : elle a mis au monde nos huit filles, les a éduquées et élevées. Elle a aussi traversé avec moi des épreuves, comme il en est pour chacun d'entre nous.

Et puis lors de l'annonce du diagnostic, elle a reçu une flèche en plein cœur, qui ne la fit pas tomber, mais l'a meurtri à tout jamais.

Et où est Dieu dans tout cela ?

L'homme est libre de son destin, il façonne le monde depuis des siècles et Dieu le laisse dans sa liberté entière.

Soit, mais Dieu n'est-il pas amour et miséricorde ?

N'intervient-il donc pas auprès de ceux qui sont de bonne volonté ?

Pourquoi laisse-t-il l'épreuve, la guerre, la maladie s'installer, toucher et meurtrir nombre de ses enfants ?

Le mystère reste entier, en tout cas pour moi…

Alors oui j'ai parfois un profond sentiment d'injustice, voire de révolte.

Dieu est parfois déconcertant…

Alors que faire ? Comment vraiment réagir ?

Il y a de nombreux témoignages autour de soi qui montrent ce que le chemin et surtout l'épreuve traversée peuvent aussi ouvrir comme voies nouvelles.

Tout d'abord de mesurer ce que l'amour conjugal veut dire, jusqu'où il peut aller. Le sentiment de dépendance, de fragilité, d'abandon de la personne malade nous fait prendre la mesure de notre rôle de protecteur, de soutien et d'accompagnant. Cela peut être un écueil que de vouloir trop en faire, de faire à la place de l'autre, de s'exprimer au nom de l'autre, de décider à la place de l'autre. C'est ce que j'ai fait parfois et le regrette à présent.

*

*   *

Ensuite il y a la découverte de ce que signifie l'amitié et l'affection que nous recevons au quotidien.

En ce mois d'octobre, des consultations, études cliniques et examens s'enchaînent pour essayer de diagnostiquer un éventuel dysfonctionnement organique qui pourrait être la cause des maux de ventre de Carole. Cela génère de la fatigue, du stress, mais aussi beaucoup d'espoir.

Dans le même temps m'est venu l'idée d'associer notre entourage, familial et amical à une démarche de prière commune durant une période de quelques jours. C'est ainsi qu'a été initiée une neuvaine, portée par la communauté de prêtres de Saint-Martin, dans la paroisse de notre fille aînée Marie, à Cour Cheverny.

Chaque jour une messe sera dite à notre intention ainsi que le dimanche en paroisse.

Je cherche un texte qui pourrait faire office de prière et trouve sur internet des paroles que Mère Teresa a dites, sans doute à l'attention des malades, et que j'aménage quelque peu afin qu'elles reflètent notre intention profonde.

Grâce à la magie des réseaux sociaux, je peux joindre nombre d'amis, parfois un peu perdus de vue, et sitôt reçois en retour des marques d'amitié par les petits mots envoyés, les appels reçus ainsi que les initiatives prises.

La prière reste un mystère tant on ne sait comment la nourrir : action de grâce, demande, union de pensée avec les autres…

Certains disent que tout est miracle, d'autres qu'il n'y a pas de miracle…

Le silence de Dieu n'est qu'apparent parce qu'il ne semble pas répondre directement et immédiatement à ce que nous exprimons dans notre prière.

Et pourtant…

Je mesure combien je reçois comme force, affection et amitié qui me permettent d'avancer pas à pas quotidiennement, et qui me donnent également un autre regard sur la vie et sur ceux qui m'entourent, ceux que je croise.

Que serait un Dieu sans le nuage qui le protège et le recouvre ?

Rainer Maria Rilke

11
Tu aimes Tamariu ?

Il est un défi que de ne pas s'isoler, sous prétexte que le quotidien est déjà lourd à porter, que les autres ne peuvent pas le mesurer à sa juste valeur, que la communication est rendue difficile, limitée, que les temps de partage et les activités sont forcément restreints.

Pourtant, nombre de témoignages d'amitié démentent cette crainte.

Nous aimons beaucoup un lieu de villégiature, un petit paradis sur terre où nous nous sommes rendus à plusieurs reprises avec Carole et certains de nos enfants.

Voyant son état s'améliorer quelque peu, la sentant moins perturbée par ses douleurs de bas du ventre, je lui demande si retourner à Tamariu sur la Costa Brava avec des amis lui ferait plaisir.

« Oui » me dit-elle

J'en fais le pari.

Nous avions prévu de longue date ce séjour, car nous voulions faire découvrir à nos amis cet endroit. J'étais néanmoins dubitatif pour ne pas dire convaincu que ce projet devrait être annulé en raison de l'état de santé de Carole : maux de ventre fréquents, envie chronique d'aller aux toilettes, somnolence très présente.

Les réservations pouvant être annulées jusqu'au dernier moment, je décidais donc de les conserver.

Mes amis bretons ont traversé la France pour venir nous rejoindre. Ils m'avaient assuré qu'escapade catalane ou pas, ils seraient là pour nous.

Le jour arrive où nous devons préparer nos bagages : tenues d'été et maillots de bain en ce mois d'octobre singulièrement doux.

Le voyage de près de presque 4 heures se déroule sans souci particulier. Carole est presque allongée sur le siège abaissé dans la voiture.

Une fois arrivés à l'hôtel, nous nous installons dans notre chambre qui a un balcon donnant sur la petite crique où une méditerranée agitée laisse ses vagues se cogner contre des rochers quelque peu étonnés d'une telle nervosité.

Carole regarde ce paysage…

Je lui rappelle d'anciens souvenirs, elle semble comme apaisée et heureuse de revoir cet azur, de ressentir cette brise marine.

Il y a dans la jolie crique de Tamariu un front de mer presque désuet où rivalisent quelques petits restaurants qui offrent une cuisine simple, mais bonne qui respire les vacances, le repos, la détente.

Le ciel est changeant, entrecoupé de quelques nuages qui hésitent à s'installer ou à passer leur chemin et laisser ainsi le soleil automnal nous réchauffer.

Nous serons mieux sous abri.

— Holà, que Tal ! Se puede comer por favor ?

J'aime prononcer quelques mots de la langue locale quand je suis à l'étranger. Cela peut sembler dérisoire et inutile puisque mes interlocuteurs maîtrisent tout à fait ma langue, mais c'est pour moi une marque de respect. Une façon de leur exprimer que je suis reconnaissant de leur accueil dans un pays où je suis leur invité et non pas leur conquérant.

Cela fait cruellement défaut dans certains endroits touristiques où l'anglais règne en maître.

Un verre de sangria, un poisson grillé, du « pan con tomate » et « una copa de vino blanco » suffisent à satisfaire nos papilles.

Carole savoure son repas. J'ai pris soin de découper les morceaux de son poisson. Elle a choisi du thon grillé.

La conversation va bon train avec nos amis. Carole ne peut y participer, trop concentrée à se nourrir.

Dans notre formation d'aidant, il nous est recommandé d'avoir des temps de repas sans distraction, adaptés à l'appétit et à la fatigabilité de la personne malade. Oui, cela est important dans le quotidien. Mais je crois également précieux de maintenir ces temps de convivialité, de légèreté, qui n'empêchent pas l'échange de quelques mots et d'accueillir un sourire, une phrase simple, mais pleine de sens :

— C'est bon Carole ? Ça te plaît ?

— Oui c'est bon, dit-elle en relevant la tête avec un joli sourire si expressif.

— Tu aimes Tamariu ?

— Oui, beaucoup, dit-elle en me regardant.

Puis elle revient à son assiette pour continuer à déguster ce plat qu'elle apprécie.

Le repas dure et Carole marque un signe de fatigue. La somnolence semble la gagner.

Nous retournons donc à l'hôtel pour la sieste.

Nos amis vont quant à eux vivre un temps entre eux, prolonger ces moments de détente presque estivaux. Il en sera ainsi du séjour, rythmé par les temps de repos nécessaires pour Carole. Rien n'est entravé, tout se fait simplement…

12
C'était au mois de juillet

Les semaines, les mois se sont écoulés et la maladie a depuis l'annonce fait son chemin. Chacun d'entre nous en mesure à présent l'impact sur Carole d'abord, mais aussi sur son entourage, ses enfants et petits-enfants.

Puis vient le moment où nos filles parviennent à mettre des mots, parfois avec beaucoup de pudeur, mais toujours avec profondeur et sincérité, sur ce qu'elles ont ressenti au moment de l'annonce, sur ce qu'elles vivent à présent intérieurement et avec leur entourage.

C'est souvent un sentiment de dénuement que l'on éprouve face à cette maladie si mal connue finalement quant à son évolution probable. Sentiment qui nous suit encore, difficile à expliquer.

Leur maman est toujours là, mais celle qui les a aimées et qui les aime encore bien sûr n'est plus la même. Elle ne peut plus exprimer de façon explicite son affection, son intérêt pour ses enfants, pour ce qu'ils vivent, pour partager leurs préoccupations, leur prodiguer des conseils, leur coudre des vêtements, leur recommander des lectures et plus simplement leur dire tout son amour.

Même l'expression de son visage est parfois altérée, sauf quand elle sourit et où on la retrouve pleinement.

Le jour de l'annonce, c'était au mois de juillet…

13
On sera toujours là pour vous

« Au moment de l'annonce du diagnostic… », me confie Clémence, « nous étions chez vous. Bien sûr je pensais à cette maladie, mais d'un autre côté on n'a pas envie que ce soit ça.

Sitôt rentré tu es allé dans le bureau pour prévenir mes sœurs par téléphone et maman nous a rejoint au salon pour nous annoncer la nouvelle. Notre réaction avec Tristan a été de dire :

— On sera toujours là pour vous, papa et toi.

Et puis on a essayé d'apporter un peu de légèreté, pour tenter de la faire sourire.

À présent la maladie évolue rapidement et je me dis qu'il faut vivre au jour le jour, profiter du moment présent.

Amaury, mon fils, a partagé beaucoup d'activités avec maman. Progressivement, maman n'allant plus spontanément vers lui, c'est lui qui de lui-même a pris l'initiative d'aller vers elle.

Du haut de ses sept ans, j'ai pensé que je pouvais, avec le support d'un livre, lui parler de la maladie. Que la maladie c'était un problème de mémoire et il l'a très bien compris.

Il est très attentionné avec sa Mamili : lui tenir la main en marchant, attacher sa ceinture de sécurité, fermer sa portière…

Je le félicite pour cela et il sourit.

Je crois qu'il a vraiment compris la maladie et il prend cela à cœur.

Mais bon, on vit avec…

Le principal c'est d'être avec elle et de lui faire faire des choses qui pourront lui donner le sourire.

14
Je suis un peu trop jeune pour vivre cela

« Quand tu m'as appelée pour m'annoncer la nouvelle, j'étais à Paris. J'avais quitté la maison deux mois auparavant.

J'avais certes noté quelques changements, mais dans ma tête je me disais « ce n'est pas ça, ce n'est pas Alzheimer ». Je pense que c'est vraiment le nom de la maladie qui me fait extrêmement peur. J'ai donc eu le sentiment que c'était le pire qu'on puisse imaginer et du coup, quand tu as verbalisé le nom d'Alzheimer, le fait de l'entendre, même si je me disais que ça pourrait être ça, j'ai d'abord eu peur.

Pour moi, Agathe, c'est vraiment la maladie incurable qu'on connaît mal. Donc c'était très compliqué d'accepter. Cela étant, j'ai commencé à me renseigner et à recevoir tout plein de témoignages différents.

Du coup, je ne savais pas du tout où situer maman. J'ai finalement dû me résoudre à faire un peu le deuil de ce qu'elle aurait pu être pour moi en tant que mère et pour mes enfants en tant que grand-mère.

Mes amies, elles, ont une relation avec leur maman. Elles s'écrivent des messages quand ça ne va pas ou quand ça va bien.

Il faut faire abstraction de ce qui fait mal.

Je n'ai pas envie qu'elle m'oublie.

Je ramène toujours cela en me disant : je suis un peu trop jeune pour vivre ça. C'est un peu égoïste comme réflexion…

C'est vraiment ça : apprendre à accepter que ça ne sera pas comme je l'avais imaginé et qu'en plus, j'ai eu six exemples avant moi de ce que ça aurait pu être.

Je trouve cela injuste, mais c'est là et il faut vivre avec... »

15
Il y avait un mot de posé

« Je m'en souviens bien, car j'étais enceinte d'Elliot et venais d'apprendre trois jours auparavant que je devais être alitée puisque j'avais une grossesse compliquée.

Je suis allée chez Camille pour une soirée, et c'est là où tu as essayé de me joindre chez mes beaux-parents, près d'Angers.

Je ne captais pas, je m'en souviens très bien. Tu m'as donc laissé un message vocal me demandant de te rappeler.

Camille s'est effondrée et moi, Albane, n'ai pas vraiment eu de réaction.

Je ne sais pas dire ce que j'ai ressenti sur le moment, mais je n'ai en tout cas pas réagi dans l'émotion, car je m'y attendais. Cela faisait plusieurs mois que j'en parlais énormément à Wlad, car j'étais persuadée que maman avait Alzheimer. Mais je ne voulais pas évoquer cela en famille.

Je n'osais même pas t'en parler parce que je craignais de déclencher quelque chose de négatif.

Je savais que l'année d'avant, c'était juste après notre mariage, il s'était passé des choses à la maison où maman avait perdu sa voiture et pas mal d'autres babioles. Et je me souviens également qu'au mois de novembre 2018, j'ai appelé tes amis Denis ainsi que Franck sans te consulter, en leur demandant de venir vous voir parce que j'étais inquiète par rapport à maman.

Franck m'a dit :

— Albane, à quoi tu penses ?

— Je n'en sais rien, mais je me demande si maman n'a pas Alzheimer.

Il y avait Babette à côté qui me disait :

— Mais non, tu vas trop loin !

— Je ne sais pas, mais j'ai un pressentiment.

La fin de l'année m'a fait me conforter un peu plus dans mon idée. On en parlait vraiment beaucoup avec Wlad, on en a parlé tout l'hiver…

Et puis il y a eu plein de choses avant notre mariage ; maman n'arrêtait pas de rigoler en disant :

— Je ne trouve plus mes mots !

— Ben maman quand même, tu deviens sénile !

Et en fait, après coup, j'ai recollé tous les morceaux et je me suis dit : si ça se trouve, c'est ça.

Quand tu nous as fait l'annonce, au lieu d'être dans le soutien, je crois que j'étais plutôt soulagée. Oui, il y avait un mot de posé.

Je n'ai pas eu de réaction, car j'étais en fait complètement perdue. J'ai préféré me dire dans ma tête « oui ben on verra… »

Donc j'ai fini par envoyer un message, deux ou trois semaines après le diagnostic en fait, après votre retour des vacances en Toscane.

Mon amie Claire, lorsqu'elle a appris la nouvelle, est allée acheter le livre de Colette Roumanoff « Le bonheur plus fort que l'oubli ».

Et quand elle a frappé à la porte et me l'a offert, j'ai explosé de rire : « mais pourquoi tu m'offres ce bouquin ! ». Je n'étais pas prête.

Durant toute ma grossesse d'Elliot, maman a été incroyable, portant attention à m'appeler tout le temps, c'était génial. Enfin, pour la naissance, elle a été formidable, vraiment. D'ailleurs pour Gabriel également, parce que même si c'était différent, elle était quand même là. Je sentais qu'elle comprenait aussi ce que je vivais. Même si je n'en avais pas la certitude, je le sentais. Maintenant, j'apprends à vivre avec la maladie et ça n'est pas plus mal, oui…

Parce qu'il m'est arrivé de penser à des choses horribles.

Je me souviens d'un soir, quand je n'allais pas bien du tout, allant dire à Wlad « mais je préférerais que maman ait un cancer »

À présent, je suis un peu fataliste. J'ai tout à fait conscience que ça n'ira jamais mieux.

Aujourd'hui, ce qui est difficile, c'est par rapport à toi. Je m'inquiète en permanence de ton quotidien, parce que je me rends compte que c'est lourd pour toi.

16
La maman qui nous a aimées n'est plus la même

Astrid me confie :

« La nouvelle de l'Alzheimer de maman a malheureusement confirmé des doutes que j'avais déjà sur son état de santé, comme plusieurs d'entre nous d'ailleurs, mais cela n'a pas empêché de me sentir complètement démunie en l'apprenant.

Sentiment qui me suit encore, c'est assez compliqué à expliquer dans le sens où maman est toujours là, mais la maman qui nous a aimées n'est plus la même. »

17
Accueillir ce qui se passe ici et maintenant…

« Je me souviens très bien quand tu m'as annoncé le verdict au téléphone », me dit Claire.

« Je sortais du travail et j'entrais dans le métro. Je n'ai pas eu beaucoup de mots sur l'instant, je me souviens avoir pleuré en raccrochant, je m'y attendais, mais le mot m'a quand même abasourdie. J'ai pris conscience que c'était une maladie avec son côté irréversible.

Après, quand je vous ai retrouvés à Toulouse, j'ai décidé de profiter des moments avec maman, de vivre l'instant présent.

Depuis quelques mois je lisais beaucoup et profitais de partager mes lectures avec elle. Elle me conseillait et je la conseillais aussi. Je me suis réjouie qu'elle aille au prix littéraire Roblès avec ses amies toulousaines, et cela m'a rappelé mon adolescence, lorsqu'elle m'invitait pour l'accompagner à la remise du prix. Que de bons souvenirs…

On cuisinait aussi beaucoup ensemble, et même si déjà des changements se faisaient sentir, on passait de bons moments en chantant Simon et Garfunkel tout en cuisinant. Je me nourrissais de ces instants-là. Maman avait l'air de passer également du bon temps !

Aujourd'hui, avec la maladie qui prend de plus en plus de place, je suis toujours à la recherche de ces moments. Nous n'arrivons plus à parler de lectures, car maman ne peut plus lire et je sens que c'est dur pour elle quand je les évoque.

Nous cuisinons toujours un peu…

Je réagis seulement maintenant vraiment. Mes lectures de cet été sur l'Alzheimer et le visionnage d'interviews m'ont aidée à comprendre ce qu'il se passe pour maman. Ça m'a aidée aussi à avancer, mais en parallèle c'est beaucoup plus difficile aujourd'hui de voir maman ainsi.

J'ai l'impression de ne pas être assez forte parfois, d'être maladroite. Je m'appuie sur toi papa, je regarde comment tu fais, et je suis impressionnée par ta douceur, ta patience et tout l'amour que tu lui apportes au quotidien.

Comme cet été, à mon retour de Montréal quand tu as dansé avec elle dans la cuisine, ça m'a réchauffé le cœur de vous voir ainsi. C'était spontané et simple…

Je m'appuie aussi sur mes sœurs. Cet été nous étions toutes là, et j'ai pris cela comme une force. Chacune a pu entourer maman à sa façon.

Depuis Noël dernier, je commence vraiment à exprimer mes émotions. J'en parle beaucoup à mes amies. Quand j'en ressens le besoin, elles sont à l'écoute.

Sophie s'est montrée très émue dernièrement, car elle vous connaît bien et elle ne peut pas être insensible. Nous avons versé quelques larmes au beau milieu d'un restaurant, ça nous a fait du bien.

Depuis Noël dernier, je suis passée par des sentiments de colère. J'étais en colère d'être si loin, je voulais venir et être auprès de vous.

Après, j'ai lu des livres sur la maladie…

Aujourd'hui je suis triste et à fleur de peau quand j'aborde le sujet. Je pense que c'est nécessaire de passer par là, de même que la colère était nécessaire aussi à un certain moment.

Maintenant on vit différemment avec maman et on profite du temps présent…

On partage les moments autrement, j'apprends à être encore plus à l'écoute, à observer et à cueillir l'instant présent.

Souvent ça me fait penser à ma posture auprès des jeunes enfants au travail : se rendre disponible psychiquement et physiquement pour accueillir ce qui se passe ici et maintenant »

Quand ton passé sera fragile
Que ton avenir s'ra papillon
Parce que s'envolent et puis s'exilent
Les souvenirs de tes saisons
Quand tu seras seule sur ton île
Que tu n'verras à l'horizon
Que quelques visages en exil
Dont tu n'te souviens plus le nom
C'est moi ton fils, c'est moi ta fille
Mais tes yeux m'disent qu'tu comprends pas
Quand pour moi ce s'ra plus possible
D'pouvoir te serrer dans mes bras
J'te prendrai doucement par la main
Tout bas j'te dirai je suis là
Si dans la tête tout est si loin
Je sais qu'ton cœur, lui, comprendra…
Quand tu t'demanderas qui je suis
Mille et une fois j'te redirai
C'est toi qui m'as donné la vie
Je s'rai toujours à tes côtés

Etienne Drapeau
Je serai là

18
Chaque jour qui passe est important

« Ce jour d'été, moi Camille, je termine ma journée de travail heureuse, car les vacances démarrent avec notre départ en Toscane le lendemain : vacances avec papa et maman tant attendues et méritées !

Mon téléphone sonne sur le parking avant de démarrer ma voiture pour rejoindre mon domicile.

C'est Papa, la voix tremblante, et maman à ses côtés pour m'annoncer la terrible nouvelle qui va changer nos vies et détruire tous nos espoirs « ta maman a la maladie d'Alzheimer »

Je ne réalise pas.

Je ne sais même pas quoi répondre sur le coup !

Je suis terrifiée…

Je rentre chez moi prudemment, car mes larmes coulent sur mon visage. Mes vacances ne sont finalement pas si importantes…

Albane et Wlad, heureusement, sont à la maison pour la soirée. Nous nous serrons fort dans les bras. Aucun mot ne sort, juste ce geste qui veut tout dire « nous sommes ensemble, une famille ».

Nous avons, malgré tout, passé de mémorables moments en famille, en Toscane, avec cette douleur enfouie, le temps des vacances, une petite parenthèse…

Je suis très en colère de ce qui arrive à ma famille. Pourquoi nous ? Pourquoi maman ? Cette femme forte qui m'a toujours impressionnée et à laquelle j'ai voulu ressembler.

Je vis aujourd'hui avec un sentiment de culpabilité qui ne me quittera jamais. De ne pas avoir été toujours facile, ou d'avoir mal réagi face à des situations qui aujourd'hui prennent tout leur sens avec ce diagnostic, à l'époque pas encore connu.

Ce sentiment je l'aurai toute ma vie, et je vis avec. Je souffre beaucoup en silence, et n'aime pas montrer ma faiblesse, même auprès de mon mari et de mes enfants.

Je les préserve de mon malheur, mais je sais aussi que la maladie de maman est également une grande souffrance pour eux.

J'ai aussi ce sentiment de culpabilité, car je sais que je ne suis pas assez présente pour aider mon papa.

Avec maman, j'aimerais tellement pouvoir en faire plus, mais la distance et mon travail ne me le permettent pas.

Mes enfants ont aussi besoin de voir leurs Papili et Mamili plus souvent et me les réclament.

J'attends ce tournant de vie, le rapprochement géographique de mes parents, car je pourrai enfin profiter de tous les moments possibles pour les soutenir, et créer aussi de nouveaux et beaux souvenirs.

Je souffre de cette distance : chaque jour qui passe est important et je ne veux plus perdre de temps.

Ma vie est différente de ce que j'avais souhaité. Hélas personne n'est à l'abri de la maladie.

La foudre est tombée sur nous !

Aujourd'hui il nous faut apprendre à vivre avec, et surtout ne pas oublier qu'on est fort ensemble.

On est une belle famille que mes parents ont réussi à nous offrir.

C'est ce qu'il y a de plus beau, et je pense que le plus important est, à notre tour, de leur rendre cet amour et ce soutien qu'ils méritent aujourd'hui. »

Ajouter de la vie aux jours, quand on ne peut pas ajouter de jours à la vie

Professeur Jean Bernard

19
Mon amie me prend dans ses bras, et je pleure

C'était un jour d'été, Marie était chez une amie :

« J'attendais l'appel de papa qui suivrait le rendez-vous médical. Je me savais rassurée, car auprès de Camille. Chez cette amie proche, telle ma huitième sœur, je trouverai un soutien pour m'aider à accueillir le diagnostic.

Mon téléphone sonne et papa, directement après leur entretien, m'annonce que maman est atteinte de la maladie d'Alzheimer.

Un instant de silence…

Je ne savais pas quoi répondre. En quelques secondes, ce qui dans un sens me paraissait inimaginable, mais chose à laquelle je m'étais préparée sans vouloir y croire, est devenu réel.

Les seuls mots qui me sont arrivés : "et merde, je suis tellement désolée". Je craignais d'être maladroite.

Papa devait ensuite prévenir mes petites sœurs.

Après avoir raccroché, mon amie s'approche de moi, me prend dans ses bras et je pleure.

La triste sentence que j'appréhendais tant est devenue réalité. Je ne sais pas comment l'annoncer à Geoffroy puis aux enfants qui jouent paisiblement dehors. Geoffroy me connaît par cœur. Lorsqu'il me voit sortir, il comprend.

Ce jour-là, je décide de préserver les enfants. J'attendrai pour leur expliquer.

Les jours et les nuits qui suivent sont une alternance d'émotions, de tristesse, de peur et de grande colère. Quel avenir la maladie réservera-t-elle à papa et maman ? Où puiseront-ils la force de surmonter cela ? M'oubliera-t-elle ? Non c'est inconcevable, ça ne peut pas arriver. »

20
Je le savais au fond de moi depuis longtemps

Ségolène me confie :

« Lorsque tu m'as appelée, j'étais chez moi avec un couple d'amis venus pour la soirée.

Tu avais la voix tremblante et c'est ton émotion qui m'a davantage fait mal, plus que le verdict en lui-même.

Pour tout te dire, je savais au fond de moi depuis longtemps qu'il s'agissait d'Alzheimer, il n'y avait aucun doute.

Bien avant qu'elle ne commence à passer des examens, je voyais qu'il y avait un souci.

En soi, le diagnostic a été la confirmation et aussi la réponse à des situations passées inexpliquées et incomprises.

J'ai fondu en larmes après avoir raccroché, car le compte à rebours était maintenant lancé. Même s'il l'était depuis longtemps, là, c'était du concret.

Puis il y a surtout eu la prise de conscience que maman ne connaîtrait pas son but ultime, la raison pour laquelle elle a passé toute sa vie à s'occuper de nous, poursuivre tous les travaux manuels qu'elle faisait… profiter de ses petits-enfants.

Je sais que tu vas me dire qu'elle en profite malgré tout, mais non, ça ne sera jamais ce que ça aurait dû être.

Cette grande maison, les vacances au Clos Familial, tous ces doudous qu'elle cousait, les petites caisses dans la salle de bain avec les noms de chacun, c'était tellement important pour elle…

Cela m'a brisé le cœur, mais la vie c'est malheureusement ça. Ça ne se passe jamais comme on voudrait.

Et puis il y a eu la prise de conscience de ce que tu allais devoir surmonter, seul, loin de tous, les difficultés du quotidien... ça m'a brisé le cœur une seconde fois.

Je pense que j'ai ressenti de la colère, et je la ressens toujours :

La colère contre cette maladie qui la prive de tout ce qu'elle aimait et qui t'impose un quotidien difficile.

La colère pour mes enfants, pour leurs souvenirs d'enfance avec vous, forcément entachés.

La colère de devoir continuer à vivre notre vie avec cette épée de Damoclès qui nous retient toujours et nous fait culpabiliser de passer des vacances en famille, en se disant qu'on n'aurait peut-être pas dû...

Cette légèreté et spontanéité qui s'en vont.

Cette culpabilité pour tout, de ne pas être assez là, ne pas arriver à être assez forte pour te soutenir davantage...

*

*   *

On n'en a pas parlé aux enfants tout de suite.

Ils étaient trop petits. Et tant que ça n'était pas visible, on ne voulait pas poser un spectre sur leur regard envers leur Mamili.

On en a parlé à Paul juste avant d'arriver chez vous cet été, car cela commençait à être visible.

Et même s'ils sont souvent entre eux et très peu en contact direct avec Maman ou n'importe quel adulte, quand ils se retrouvent entre cousins, ce sont bien trop de jeux à explorer. Paul aime les contacts privilégiés avec les adultes. Une histoire, une discussion, un jeu...

Il les adorait avec Mamili, alors on ne voulait pas qu'il soit pris au dépourvu, et il était assez grand.

On lui a dit : tu sais Mamili est malade... Il nous a répondu : oui je sais. Je sais que je ne dois pas m'inquiéter pour Mamili.

Je pense qu'ils en avaient parlé entre cousins.

La discussion s'est arrêtée là. Je ne savais pas quoi lui dire de plus à vrai dire. On verra bien.

*

* *

Margaux me demande parfois si Mamili va bien.

Elle l'adore.

Elle en parle souvent, connaît tous les doudous que Mamili lui a cousus.

Elle m'a beaucoup vu pleurer avant Noël. Je pense qu'elle a compris que c'était ma maman, et que j'étais triste pour ma maman, au-delà du fait qu'elle soit sa grand-mère à elle.

Elle ne l'a pas trop vue mal. Je ne sais pas comment elle réagira. On verra encore…

Mais ça ne m'étonnerait pas qu'elle lui fasse des câlins, tout simplement, à la Margaux, et qu'elle retourne ensuite vaquer à ses occupations, comme si de rien n'était.

C'est plutôt dans son caractère…

*

* *

Au-delà de ce qu'on peut leur dire nous, je pense que tout se passe quand on a le dos tourné, quand les enfants sont entre eux.

Ils en parlent sûrement, et c'est presque mieux que venant de nous.

De les prendre entre quatre yeux rendrait l'évènement plus dramatique.

Alors que s'ils en parlent entre cousins, enfants, je pense que cela rend les choses plus naturelles. C'est d'ailleurs ce qu'on a observé avec la réponse de Paul, alors qu'on n'avait jamais évoqué le sujet avec lui. »

Je vous prie d'être patient à l'égard de tout ce qui dans votre cœur est encore irrésolu, et de tenter d'aimer les questions elles-mêmes comme des pièces closes et comme des livres écrits dans une langue fort étrangère.

Ne cherchez pas pour l'instant des réponses, qui ne sauraient vous être données, car vous ne seriez pas en mesure de les vivre. Or, il s'agit précisément de tout vivre. Vivez maintenant les questions.

Peut-être viendrez-vous à vivre peu à peu, sans vous en rendre compte, un jour lointain, l'entrée dans la réponse.

Rainer Maria Rilke

21
Je l'aime Mamili…

Les enfants ont cette innocence qui leur donne la capacité d'interagir sans se poser de questions, ni sans a priori sur les différences, les anomalies, les infirmités et le handicap.

Ainsi dans leur relation avec Mamili, nos petits enfants restent naturels, voire très prévenants. Ils sont toujours avides de câlins, ils aiment l'embrasser, ils regardent les pages du livre, ils sourient et rient avec elle.

Nous voudrions les protéger de je ne sais quelle maladie contagieuse et c'est une erreur.

Je suis convaincu que le regard qu'ils portent sur une personne fragile leur apporte une ouverture et empathie qu'ils garderont toute leur vie.

Bien sûr j'éviterai de les mettre en présence d'une personne agressive ou avec des troubles comportementaux marqués, mais ce n'est pas le cas de Carole.

— Pourquoi Mamili ne me répond pas ?

— Mamili est malade et il lui est difficile de parler

— Je l'aime beaucoup Mamili !

*

* *

On n'imagine pas la délicatesse d'âme d'un enfant auprès d'une personne malade.

Un dimanche, nous allons déjeuner chez Clémence et Tristan qui habitent à une dizaine de kilomètres à peine de chez nous. L'après-midi, nous allons nous promener. Amaury prend la main de sa grand-mère, marche à son pas, selon son rythme. Lorsqu'il faut remonter dans la voiture, il l'aide avec ses petits bras d'un enfant de presque huit ans à s'asseoir, s'arc-boute pour attacher sa ceinture. Tout cela avec un sourire plein d'attention.

*

*   *

Maximilien est collégien en 6e. Il a connu sa Mamili avant qu'elle ne soit sévèrement atteinte dans ses facultés cognitives. Il subit comme chacun d'entre nous l'aggravation des symptômes et donc la difficulté croissante à communiquer, prendre part aux activités et aux conversations.

Il a spontanément écrit ces lignes qu'il souhaite partager dans sa classe.

« Qu'est-ce qu'Alzheimer ?

Alzheimer, c'est une maladie du cerveau qui entraîne une perte des mots. Des personnes attrapent Alzheimer surtout dans la vieillesse, mais il peut y avoir des personnes qui l'attrapent jeunes. Alzheimer fait perdre des mots, mais elle entraîne aussi des maux de tête. En général les gens croient que les personnes malades ne peuvent plus parler, mais c'est faux. Ils savent, ils ont les mots, mais ils ne savent plus comment faire leurs phrases. Aidez les personnes en difficulté, donnez votre soutien !

Le garçon qui a écrit ce texte sait ce qu'il raconte : sa grand-mère est touchée par cette maladie et il l'aime de tout son cœur »

*

*   *

Elliot du haut de ses trois ans est encore tout petit et il interagit naturellement. Il n'a connu sa grand-mère que malade et pourtant…

Sa maman, Albane, me confie :

« De fait, je le laisse appréhender la maladie par lui-même, et ce sont surtout des questions qu'il me pose parce qu'il est très attaché à sa Mamili. Il ne l'appelle pas Mamili, mais plutôt sa « mamie rigolote ». Je trouve cela chouette !

Je ne sais pas quels souvenirs il gardera de maintenant, mais en tout cas je trouve ça cool qu'il ressente cela quand il voit Mamili.

Après, c'est vrai que ce qui a été difficile, c'est quand il m'a demandé : « mais pourquoi mamie elle ne me répond pas ». Ça m'a beaucoup secoué sur le moment. J'avais les larmes aux yeux.

Mamili fait avec sa bouche un bruit rigolo et ça le fait beaucoup rire. Et ça, ce sont des moments très touchants.

— Mamili, elle est trop forte, elle fait un truc avec son doigt dans la bouche

Il a dit également que Jésus aimait maman. Ça, c'était trop chou ».

*

*   *

Comme pour ses cousins et cousines qui ont trois ans ou moins, Apolline n'a pas vraiment de souvenirs de sa grand-mère sans Alzheimer.

Y a-t-il un peu de tristesse chez elle à ce sujet ? Elle ne nous l'a pas exprimé frontalement.

Pour Carole, ces moments avec ses petits enfants sont emplis de bonheur. L'été dernier, elle était avec Gabriel, âgé de quelques mois à peine, assise sur le canapé. Elle était très émue de l'avoir sur ses genoux. C'était après qu'elle se soit mise en pyjama. Le lendemain à la même heure, elle a réclamé son petit-fils, en demandant où était le « bébé ». Malheureusement Gabriel dormait déjà à cette heure-là. Mais cela voulait bien traduire son amour pour ses petits-enfants et combien ce moment avec Gabriel la veille avait été bon pour elle et lui avait fait du bien.

*

*   *

Victoire du haut de ses six ans, à l'annonce de la maladie par Camille, sa maman, a été inquiète. Elle voulait savoir si sa grand-mère ne souffrait pas. Elle avait juste remarqué qu'elle ne se souvenait plus de son prénom ni de celui de sa petite sœur, Sixtine, mais son amour pour ses grands-parents n'a en rien changé, bien au contraire.

« Mamili, elle n'aime pas qu'on lui parle de sa maladie. Elle ne se souvient pas de mon prénom, mais elle sait qui je suis. Les prénoms ce n'est pas grave si elle ne s'en souvient pas. Le cerveau de Mamili est malade… »

*

*   *

Elliot est venu voir sa Mamili. Ce soir avant le dîner, il passe un moment dans le salon.

Carole est assise dans son fauteuil. Le plaid est posé pas loin sur le canapé. Elliot spontanément le saisit et le pose avec ses petites menottes sur les genoux de sa grand-mère.

— Là je fais une cabane pour Mamili. Elle n'a pas pleuré Mamili,

dit-il en regardant le pansement témoin de la prise de sang hebdomadaire qu'elle doit subir pour surveiller son taux de globules blancs.

La maladie d'Alzheimer, c'est un adulte qui retourne dans l'univers des enfants, ce n'est pas un adulte qui redevient un enfant.

Christelle Bardet
Quand maman plantait des brosses à dents

22
Un nouveau métier

J'ai beaucoup reçu tout au long de ma vie.

Par mes parents en premier lieu, mais également par Carole qui m'a montré le chemin pour me construire en tant que père et époux, non sans mal…

Carole m'a donné tout ce qu'elle avait : sa beauté, son cœur, sa tendresse, son amour, son don absolu pour faire grandir nos enfants, sans attendre en retour quelconque récompense, sans compter son temps.

Je pensais égoïstement qu'avec le temps venu de ma retraite, un terme serait enfin mis à une activité professionnelle trop prenante, trop exigeante, trop stressante. Un temps trop long à devoir tenir des réunions loin de notre chez nous, à passer des heures interminables dans la plupart des aéroports européens, à siroter des apéros ou dîners convenus entre collègues ou avec mes hôtes plutôt que d'être auprès de mon épouse.

Oui c'était un peu grisant que d'être ainsi reconnu dans ses compétences et sillonner l'Europe, découvrir des lieux nouveaux, travailler avec des interlocuteurs aux cultures différentes.

Mais cela n'était-il pas dérisoire ?

Il ne s'agit pas de regretter un vécu. Non, car il fallait aussi assurer à ma famille un présent et un futur matériellement sereins.

La décision d'un jour n'est juste que pour le moment où on la prend, mais nous savons tous qu'elle peut être remise en cause dès le lendemain.

Alors oui, j'espérais que le temps venu de la retraite serait comme une nouvelle page, plus reposante, plus simple, plus dépouillée, plus en harmonie avec nos fiançailles, ce temps béni où chaque jour était une découverte, un désir grandissant l'un envers l'autre.

La maladie s'est invitée alors que nous ne l'attendions pas, intrusive et violente, mais surtout insidieuse.

Immédiatement s'est imposée une réalité : je serai auprès de celle que je chéris, jusqu'au bout, pour le meilleur et pour le pire.

*

* *

Être aidant d'un proche au quotidien est un métier à plein temps, dont la pénibilité est évidente, car il ne bénéficie pas en tant que tel de moments de repos. Il s'agit en effet de se consacrer jour et nuit à l'autre, qui devient avec l'évolution de la maladie de plus en plus dépendant de vous.

C'est la raison pour laquelle, même avec la meilleure volonté du monde, il est primordial de se former, de partager, de questionner.

Et cela tout au long du périple.

En effet la maladie évolue inexorablement, laissant parfois quelques semaines ou mois où on a le sentiment que l'état s'est stabilisé, puis qui, en l'espace de quelques jours, laisse apparaître un nouveau symptôme qu'il nous faut apprendre à décoder et pour lequel nous devons trouver une solution adaptée.

C'est pourquoi cette mobilisation de toute l'énergie physique, affective et morale, nécessite qu'elle puisse s'appuyer sur un état de santé robuste et qui tienne le long cours.

Car il s'agit bien là d'une course de fond dont on ne sait pas où va se situer la ligne d'arrivée, ou plutôt dans quel environnement elle va aboutir.

Un des mantras essentiels dont il faut se convaincre est que si l'aidant ne va pas bien, le malade n'ira pas bien.

J'ai cru tenir sur la longueur jusqu'à en arriver, à cause de réveils et déambulations nocturnes à répétition, à ne plus pouvoir trouver le repos réparateur nécessaire pour recharger les batteries.

Outre l'épuisement, cela a fini par altérer l'énergie mentale indispensable pour affronter cet avenir incertain, à perdre patience auprès de mon épouse, à ne vivre mes journées que mécaniquement, la tête dans le guidon.

Les mois qui ont précédé Noël ont été éprouvants.

*

* *

Carole est consciente de sa maladie :

— J'ai mal partout.

— Où as-tu mal ? lui répond Anna.

— Mais tu le sais toi ! c'est ma maladie et je suis malheureuse

Ces paroles me font de la peine. Je souhaiterais presque que Carole n'ait plus cette lucidité qui est comme une douleur vive qui se rappelle à elle régulièrement.

*

* *

Le lever, le petit déjeuner puis la toilette sont des rituels que, pour rien au monde, je ne souhaite à cette heure déléguer.

Il s'agit d'accompagner Carole dans son premier regard et ressentir sur cette journée qui débute.

Carole est souvent impatiente de se lever. Je le suis moins, encore engourdi après une nuit souvent fragmentée par des levers nocturnes.

Nos rythmes sont décalés : Carole me dit qu'elle est fatiguée dès la fin d'après-midi, ce qui m'oblige à préparer son dîner vers 19 heures au plus tard.

Je ne partage pas son repas afin de me préserver un rythme horaire que j'ai toujours connu, et un moment qui me soit réservé, même s'il s'inscrit dans une certaine solitude.

Les derniers regards échangés sont empreints de douceur et de tendresse. Carole, emmitouflée sous la couette, me dit un bonsoir qui est rayonnant par le sourire dans lequel elle l'exprime et dissipe aussitôt les petites contrariétés de la journée.

La nuit passe tant bien que mal.

Quand elle arrive à son terme pour Carole, vers cinq heures du matin, c'est alors une impatience de se lever et de bouger qui s'exprime. J'ai pris le parti de rester couché, tout en étant aux aguets si j'entends un bruit anormal ou si le temps de déambulation dure quelques minutes. Dans la plupart des cas, Carole revient dans la chambre, rassurée de retrouver mon visage et je l'invite alors à se coucher à mes côtés.

Elle s'allonge puis se tourne vers moi.

Je prends soin de la couvrir de la couette encore chaude et, pour la rassurer, je lui tiens une main pendant que de l'autre elle se met à me toucher le visage, comme pour me masser, à saisir les plis de mon pyjama, comme pour coudre ou broder. Je la laisse ainsi naviguer dans son univers, espérant que la fatigue va finalement prendre le dessus et la mener ainsi jusqu'à l'endormissement.

Me lever le matin, c'est me dire « une nouvelle page va s'ouvrir, que tu écriras en partie, que des rencontres, des évènements viendront enrichir, mais surtout à laquelle le vécu et ressenti intérieur de Carole viendront donner tout son sens »

Le petit déjeuner est un rituel presque immuable qui est suivi de celui de la toilette.

Ce temps d'intimité a été une étape à franchir.

C'est essentiellement ce moment qui m'a fait prendre conscience, non sans douleur, de la dépendance de Carole.

Je m'efforce de préserver la coquetterie et l'élégance que mon épouse a toujours eues, simples, naturelles, mais raffinées.

Quelques gouttes de parfum qui, je le crois, sont un souvenir rassurant par les effluves délicats qui en émanent.

Un matin alors que j'habille Carole, à genoux pour enfiler son pantalon, elle me dit :

— Tu es fort et gentil. Pourquoi fais-tu cela ?

— Pour t'aider, car tu rencontres des difficultés. C'est normal que je le fasse. Tu ferais la même chose si c'était moi.

— Oui, peut-être…

*

*   *

Il y a des gestes à poser, une vigilance à avoir, qui ne sont pas innés ni faciles à mettre en œuvre.

Il y a un pas à franchir, parfois gênant, mais aussi empreint de douleur quand il touche à la profonde intimité de la personne, à sa dignité.

L'aidant que je suis est d'abord le conjoint, un homme qui plus est, parfois maladroit, souvent ignorant.

Comme tout nouveau métier, il faut en faire l'apprentissage, il faut apprendre, un peu par des formations, enrichies par des conseils, et beaucoup par l'expérience et l'acceptation de ses échecs quotidiens.

Il faut renoncer à une fausse pudeur qui nous priverait de questionner, demander des avis, solliciter de l'aide.

Les démarches administratives, la prise de connaissance des dispositifs d'accompagnement, d'aides et de soutien, sont pour moi d'éternelles découvertes.

En effet, avec l'évolution de la maladie, de nouveaux besoins voient le jour pour lesquels il faut explorer les solutions possibles pour maintenant, mais aussi pour demain.

Il est difficile d'imaginer quel avenir la maladie nous réserve, même si nous en connaissons l'issue.

*

*   *

— Je n'en peux plus !

J'en serai presque venu à banaliser cette phrase, tant souvent dite par Carole comme une marque d'impatience ou d'énervement et qu'il ne faudrait surtout pas prendre au premier degré.

J'essaie à chaque fois de rassurer ceux à qui je confie Carole quelques instants…

Et pourtant plusieurs incidents de parcours me montrent que cette phrase n'est pas vaine, qu'elle exprime à des degrés divers une impatience, une gêne, une angoisse, un appel au secours.

Je ne souhaite pas relater dans le détail ce qui dans le quotidien pourrait appuyer mon propos, sauf peut-être ce soir particulier.

Carole était endormie, du moins je le pensais, à quelques mètres à peine de moi, seul un couloir nous séparait.

Je regardais « Simone », film poignant.

En une fraction de seconde, j'ai ressenti comme une nécessité d'aller m'assurer dans la chambre que tout allait bien.

Carole occupait tout le lit comme en croix, le visage couvert de ce que son estomac avait régurgité. Elle était contractée, à demi endormie.

Les gestes à poser ne s'apprennent pas dans une formation, ils se font mécaniquement dans un seul souci d'apporter du réconfort, de la consolation, de l'amour.

Il faut recréer un environnement douillet, confortable et qui sente bon, et lui permettre ainsi de retrouver un sommeil paisible.

J'ai beaucoup hésité à relater ce moment, mais il me semble important de témoigner de ce que cette maladie ne se passe pas que dans la tête. Non, le malade n'est pas uniquement dans un monde qui serait le sien, avec quelques moments de lucidité.

Il souffre dans sa chair et de surcroît, comme si la peine n'était pas assez dure, il ne peut exprimer sa douleur.

Alors oui, être aidant est un nouveau métier, qui doit se construire sur l'humilité, se reposer sur l'abandon et accepter un sentiment comme lancinant de culpabilité.

*

*   *

Carole s'inquiète ce soir que je ne sois à un moment ou à un autre éloigné d'elle :

— Quand tu dis que tu t'occupes de moi, ça veut dire quoi ?

— Ça veut dire que je suis avec toi le jour et la nuit pour t'aider et prendre soin de toi.

— Oui, mais il faut que je me souvienne de toi alors !

— Ne t'inquiète pas, moi, je me souviendrai toujours de toi. Je serai toujours là.

Il est vrai que la parole ne devrait pas être utilisée comme une arme qui fait mal à entendre, mais plutôt avec amour.

Florence Niederlander
Alzheimer précoce, mes petits carnets de vie

23
Aujourd'hui, ne ressemble pas à hier

Il y a dans cette maladie une dimension qu'on a du mal à accepter, puis qui revient comme un boomerang de temps à autre : il s'agit d'une maladie neurodégénérative, bien que certains pudiquement parlent d'une maladie neuro-évolutive.

Cela signifie que la pente est descendante, irréversiblement, même si on a l'espoir que celle-ci s'adoucisse de temps à autre.

Avec certaines maladies comme le cancer, on peut toujours espérer une guérison ou une rémission. Pour d'autres, on finit par s'adapter aux contraintes que la maladie ou le handicap imposent : une dialyse plusieurs fois par semaine, une vie marquée par les contraintes d'une mobilité réduite.

Avec une maladie neurodégénérative, cette perspective n'a pas lieu d'être. L'aidant, l'entourage immédiat du malade doivent s'inscrire dans un accompagnement au quotidien qui est « à fonds perdus », sans formulation d'espoir d'amélioration.

Je ne dis pas que ce que nous faisons est inutile, non.

La présence, l'attention au quotidien, l'amour donné sont essentiels pour le bien être du malade, pour parfois aussi ralentir le déclin cognitif, mais il faut rester humble…

Au début de la maladie, après l'annonce du diagnostic, c'est la volonté de tout faire pour arrêter les attaques sur le cerveau qui prédominent.

On élabore alors un plan d'action pour stimuler les capacités cognitives : exercices quotidiens d'orthophonie, faire nommer les objets usuels, continuer à cuisiner, bricoler, jouer, peindre, etc.

À l'inverse, il peut s'avérer qu'on soit amené à faire à la place de. Or tout ce que nous faisons à la place de notre conjoint et qu'il sait encore à peu près faire tout seul est une partie de son autonomie que nous lui enlevons.

J'en ressens chaque jour un sentiment de culpabilité.

Un matin, je découvre que Carole renonce à la lecture, car, me dit-elle, elle ne comprend plus l'histoire, ne retient plus la page précédente. En un mot, elle est perdue dans le fil conducteur de l'ouvrage. C'est alors qu'on cherche une autre voie comme celle de la lecture à voix haute, mais un autre jour arrive où Carole ne réussit plus à concentrer son attention suffisamment longtemps.

*

*　　*

L'atelier cuisine du déjeuner est un moment important dans la journée tant il semble apporter du plaisir à Carole. Grâce à une livraison des ingrédients nécessaires à l'élaboration d'une recette chaque jour différente, nous faisons de ce temps quelque chose de ludique.

J'énumère à Carole chaque ingrédient qu'elle a pour mission de retirer du colis et de nommer en lisant l'étiquette. Ensuite elle a la charge de l'élaboration du plat, sous ma supervision pour le séquencement des étapes ainsi que pour les gestes plus complexes ou dangereux.

Carole éprouve tellement de plaisir à ces moments qu'elle me dit parfois dans le courant de la matinée :

— On va préparer le déjeuner ?

Puis un jour vient où il lui est difficile de lire l'étiquette, ou que différencier une salade d'une tomate est impossible.

Mais il faut continuer, malgré tout, s'adapter au nouvel handicap.

Lorsque la somnolence est omniprésente, le seul fait d'émincer un légume est une lente et éprouvante action. Je persiste néanmoins, essayant de capter son attention à chaque instant, de l'accompagner dans le geste et, discrètement, de prendre en main l'essentiel de ce qui doit être fait.

Carole est gastronome, même si je dois lui couper les morceaux afin qu'ils soient facilement avalables, elle apprécie un bon plat et n'hésite pas à me faire savoir s'il n'est pas à son goût.

*

* *

Chaque jour qui passe est un autre jour, différent du précédent.

Ce n'est pas qu'une façon de parler.

La maladie et ses « dégâts collatéraux » font que Carole a traversé jusqu'à ce jour des états différents : quelquefois alarmants, comme la perte d'appétit et la somnolence, parfois porteurs d'espoir ou en tout cas d'apaisement.

Par exemple, pour les longs trajets en voiture, Carole était stressée à l'idée de devoir aller aux toilettes, ce qui provoquait arrêts multiples quelquefois d'ailleurs inutiles. Puis est venue la période de somnolence durant laquelle du premier kilomètre au dernier, Carole était assoupie.

À ce jour, l'impatience la gagne à nouveau…

*

* *

Comme chaque matin quand j'ouvre les yeux ou plutôt devrais-je dire, quand je me retourne vers Carole, quelques mots ou gestes sont échangés.

Je prends souvent sa main afin qu'elle touche la mienne et qu'elle réalise ainsi pleinement que je suis à ses côtés. Parfois, je pose sa main sur ma poitrine et nous restons ainsi somnolents jusqu'à un lever que j'aimerais retarder de quelques heures quand la fatigue s'est accumulée.

Ce matin, Carole a des larmes aux yeux :

— Ma vie est atroce. Il n'y a plus rien qui existe. Il faut me garder. Je vais bientôt mourir.

La nuit a été agitée et j'ai manqué de patience lors de ses réveils successifs, assailli par la fatigue.

Je m'en veux à présent…

*

* *

La grippe est particulièrement violente en cet hiver 2022. J'en ai fait l'expérience il y a quelques semaines, et c'est au tour de Carole à présent.

Selon les dires de notre médecin traitant, même le vaccin antigrippal n'a pas permis pour certains d'y échapper et les effets sont semble-t-il, parfois plus virulents que ceux du Covid.

Depuis deux jours, l'état de santé de Carole s'est significativement aggravé. Au-delà des symptômes grippaux, elle ne peut plus prononcer de mots sauf cette triste et répétitive complainte, qu'elle répète jour et nuit :

— Je n'en peux plus !

Et face à laquelle je me sens totalement impuissant.

J'ai lu que toute maladie chez une personne atteinte d'Alzheimer peut avoir un retentissement significatif sur ses capacités cognitives, sa tonicité, son moral.

L'impact sur sa motricité est impressionnant. Nous voilà retournés à son état d'avant hospitalisation : trouble de l'équilibre, rigidité, somnolence, perte d'appétit.

À juste titre, la psychologue me rappelle comment j'étais probablement moi-même quand j'ai eu la grippe.

Mais je suis taraudé par la crainte que cette maladie de saison ait un retentissement irréversible sur son déclin cognitif et moteur.

Le pharmacien essaie de me rassurer en me disant néanmoins que le rétablissement sera plus long.

À l'occasion d'un point téléphonique avec l'infirmière qui nous accompagne dans le protocole Person_Al auquel nous participons, je fais part de mon inquiétude :

— Effectivement, une infection, un virus comme la grippe engendrent des troubles psycho-comportementaux et ont un effet sur les capacités cognitives de la personne atteinte.

— Mais cela se récupère-t-il, même si c'est long ?

— Oui, mais pas dans tous les cas, c'est parfois une nouvelle étape.

Je m'en veux d'avoir loupé le coche de la vaccination antigrippale. J'y avais pensé l'été dernier, mais ne l'ai pas noté dans mon pense-bête. Du coup l'évolution alarmante de l'état de santé de Carole ces mois d'automne, suivie de son hospitalisation m'ont fait oublier cette échéance !

Elle est désormais notée pour fin octobre de l'année qui vient.

Le médecin prescrit un « traitement de choc », car, dit-il, « il faut la protéger à tout prix ».

Pour couronner ce tableau un peu morbide, j'ai perdu patience pendant la nuit, tant elle était agitée, se plaignant constamment, et m'empêchant littéralement de trouver le sommeil.

Voulant se lever, je suis allé lui prêter mon bras, mais Carole a trébuché et je n'ai pu moi-même la retenir. Sa chute a été brutale, cognant la tête d'abord contre la table, puis comme projetée sur le parquet duquel j'ai réussi à amortir le choc.

J'ai fini par trouver un stratagème pour la relever après m'être assuré qu'elle ne se plaignait pas de douleur intense. Il n'y a pas d'hématomes, mais cela me fait peur et me rappelle avec une certaine cruauté qu'aujourd'hui ne ressemble pas à hier.

*

*   *

Je raccompagne l'auxiliaire de vie au portail.

Bien que nous soyons en plein mois de janvier, le soleil radieux apporte de la chaleur printanière. Carole m'accompagne dehors.

— Ils sont où les enfants ?

— Ils sont loin, mais ils pensent fort à toi

— Pourquoi tu ne les as pas « mis »

Sans doute voulait-elle dire « amenés »

Pourquoi est-ce Anna qui vient occuper mes après-midi ?

Pourquoi ne puis-je pas profiter de mes petits-enfants, bricoler avec eux, jouer, rire, leur confectionner doudous, poupées et autres objets enfantins ?

Pourquoi ne puis-je pas échanger avec mes filles sur les lectures passées, leur prodiguer quelques conseils, rire avec elles, chanter à tue-tête « Vanina » ?

Ce sont toutes ces introspections qui me taraudent, ce sont ces moments de lucidité qu'elle traverse et qui me font tant de peine par leur cruauté. Pourquoi aujourd'hui exprime-t-elle ce manque ?

Alors il me faut essayer de distraire son attention sur autre chose, apporter un peu de légèreté…

*

*   *

Observant depuis plusieurs semaines un regain en tonicité de la part de Carole, je fais le pari que les séances de peinture que nous avions dû arrêter vont peut-être pouvoir reprendre.

J'évoque cela avec John, son professeur de peinture depuis de nombreuses années. Il nous fait l'amitié de s'adapter aux difficultés rencontrées, à l'attention parfois amoindrie, et à la durée de concentration limitée.

Nous convenons de séances qui auront lieu à la maison d'une durée d'une heure tout au plus, afin de ne pas trop fatiguer Carole.

L'objectif sera de lui permettre de manier le pinceau, quitte à oublier le figuratif, pour aller sur quelque chose de plus abstrait.

Le visage de Carole s'éblouit quand elle voit celui de John. Ils montent les escaliers jusqu'à son atelier, et, de loin, quelques instants plus tard, j'aperçois Carole assise dans sa blouse blanche, une toile posée sur le chevalet de table sur laquelle une ébauche avait déjà été commencée.

Je me tiens, comme lors de la visite de chaque intervenant, à mon bureau au rez-de-chaussée. Je sens les effluves de peinture me caresser doucement les narines et cela me rassure.

L'heure est écoulée et John m'appelle depuis les escaliers qu'il descend, seul.

— Thierry, je ne reviendrai pas, même si cela me fait de la peine.

Je crois avoir deviné ce qui a pu se passer, mais je préfère ne pas le couper dans ce qu'il a à m'exprimer.

— Je lui ai mis le pinceau entre les doigts qu'elle n'a même pas serré. Son visage est figé, comme ailleurs.

— Oui, elle est absente.

— C'est cela, et je me demande même si je ne l'ennuie pas par ma présence et qu'elle n'ose rien me dire.

— Non je ne crois pas, mais effectivement je comprends la situation.

— Cela me fait beaucoup de peine moi personnellement, mais aussi pour Carole et pour toi, car je sais combien c'est difficile.

— Je te remercie du fond du cœur pour tout ce que tu as déjà donné à Carole.

— Non, ce n'est rien. J'ai de l'amitié pour vous que je trouve particulièrement sympathiques.

Les yeux de John sont embués.

Nous espérions revenir à un temps d'avant qui était autre, mais aujourd'hui ne ressemble pas à hier…

Essayez d'être heureux, ne serait-ce que pour montrer l'exemple

Jacques Prévert

24
Du nous au je

C'est une nouvelle complicité qui prend corps au fur et à mesure que les symptômes sont plus prégnants. Il y a les oublis de mots, auxquels on pallie avec humour et légèreté, mais aussi les exercices quotidiens auxquels on se contraint.

Aller dans le jardin le matin après le petit déjeuner, sous un soleil qui chauffe doucement le visage, humecter les effluves de cette nature qui se réveille encore engourdie.

Poser son regard sur chaque plante en essayant de la nommer : iris, lavande, romarin, thym, immortelle, santoline et laurier. Puis se rendre dans l'allée où il faut reconnaître le rosier grimpant et la glycine.

Ce temps est partagé. Nous sommes tous les deux.

Au moment du café que nous prenons sous la pergola, les exercices d'orthophonie que nous faisons sont, une fois encore, des minutes qui nous appartiennent et dont nous nous délectons avec légèreté et comme un jeu.

Je suis en télétravail en raison du confinement et c'est le printemps. La nature semble avoir repris ses droits. Les gazouillements sont plus marqués, la route proche nous épargne des passages toujours trop bruyants de voitures et camions sur les dos d'âne, pourtant destinés à faire ralentir leur allure.

Ces rites sont installés. Carole a ses activités dans son atelier pendant que je suis dans mon bureau pour travailler.

Elle est bonne cuisinière, mais commence à ressentir des difficultés, donc je viens la seconder. Nous préparons les recettes ensemble.

Elle passe beaucoup de temps à bricoler, faire de l'ébénisterie, des jouets en tissu pour ses petits enfants dans son atelier, au son de John Lennon, Leonard Cohen ou Marc Lavoine.

Elle est au deuxième étage, isolée, mais indépendante, et je la retrouve à mes moments de liberté lorsque je vais travailler mon violoncelle dans une pièce voisine.

La vie semble s'installer comme cela, paisible, même s'il y a des difficultés que nous surmontons avec le maximum de légèreté.

L'arrêt de mon activité professionnelle nous donne une plus grande liberté pour aller voir nos enfants et petits-enfants ainsi que nos amis.

Nîmes, Dijon, Paris, Rouen, Cancale et Pont-Aven, Blois et Cour Cheverny, Angers et Le Mans.

*

* *

Le deuxième confinement est dévastateur : limitation drastique des déplacements et donc des réunions amicales et familiales, c'est-à-dire coupure du lien social, de la possibilité de s'ouvrir l'esprit, de se distraire en allant au cinéma.

Mais surtout, arrêt brutal du protocole dans lequel nous étions engagés ainsi que de l'accompagnement médical.

Nous devons ne compter que sur nous-mêmes, alors même que les symptômes continuent à se faire sentir : difficulté pour la lecture, fatigabilité plus marquée, sentiment d'isolement et quasi-certitude que la dynamique est cassée. Ces mauvais moments m'entraînent vers le découragement.

Quant à la maladie, elle continue son chemin, insidieuse…

*

* *

Dans une journée, les moments de tendresse sont nombreux : par des mots, par des regards, par des gestes, par des baisers.

C'est de cette façon que se vit notre amour l'un pour l'autre, alors même que le désir empêché ne peut s'exprimer au-delà.

Cela est une solitude affective, une chasteté imposée trop tôt, à un moment de la vie où l'union des corps peut se vivre avec comme un supplément d'âme que les mots ne peuvent que difficilement décrire.

Les heures s'égrènent durant lesquelles je suis sollicité par Carole qui, dans son univers, tient des propos que je ne peux comprendre, mais qui me questionnent, me demandent mon avis, sollicitent une action de ma part.

Alors il faut jouer la comédie, tout en restant attentif à l'autre, à l'expression de son visage. Est-ce une inquiétude, une simple imagination, une colère ou un témoignage ?

C'est pourquoi je prends le parti de la solliciter, de partager les évènements, l'agenda de la journée, les projets, en répétant inlassablement les mêmes phrases, les mêmes mots adressés.

Et puis vient le soir, temps qui m'est donné pour écrire, pour téléphoner, pour me divertir, pour me relaxer.

J'ai souvenir de mes déplacements professionnels multiples qui m'éloignaient fréquemment de mon domicile quelques nuits par semaine.

Le rendez-vous quotidien par téléphone avec mon épouse me raccrochait à notre vie de famille que je retrouverais d'ici quelques heures, ou quelques jours tout au plus.

Tout est différent à présent…

Ce n'est pas pour l'espace d'une soirée, de quelques heures, de quelques jours, non.

C'est pour un quotidien qui est mon présent et sera mon futur.

Je formule intérieurement le vœu que je puisse avoir toujours à quelques mètres de moi la présence de Carole. Même si elle est endormie, que je puisse continuer à l'entendre me dire : « Ah, tu es là ! » quand elle se lève et déambule dans le couloir, sans doute un peu à ma recherche.

Cela me plonge malgré tout dans une certaine solitude.

*

* *

Il est des moments dans la journée où la communication est inintelligible. Elle s'inscrit dans un dialogue surréaliste, en tout cas pour moi. Les mots, les questions, les remarques exprimées, je ne les comprends pas. Alors j'essaie de deviner, ou sinon, de tenter d'approcher de la porte de cet univers dans lequel est plongée Carole et que je n'arrive pas à ouvrir.

J'ai lu maintes fois que chaque parole, chaque expression, chaque réaction traduit quelque chose. Facile à dire !

L'aidant au quotidien, est pris dans une réalité à laquelle il ne peut se dérober : du temps à organiser et à remplir, des rendez-vous à honorer, des activités à imaginer, de la logistique à assurer, et surtout et avant toute chose, de l'amour à donner.

Mais quand arrive le soir et qu'on se retrouve seul face à soi-même, alors qu'on prend le risque de regarder la journée écoulée, il y a bien sûr les moments de douceur, le baume reçu par fraction de seconde parfois, mais il y a aussi ce presque dialogue de sourds. Le mot peut paraître dur, mais il faut s'y résoudre, il y a comme un autre univers qui nous échappe et dans lequel, de surcroît, on perçoit comme une inquiétude, une idée fixe dont on aimerait délivrer notre bien-aimée.

*

* *

Je maintiens un suivi psychologique qui me permet de partager mon vécu, mon ressenti, mais également de recevoir en retour un point de vue ou des conseils.

Nombre de nos échanges portent sur la nécessité de temps de répit, de temps personnels durant lesquels je puisse m'adonner à des activités qui me font du bien.

Il est vrai que je profite de la présence d'auxiliaires de vie davantage pour avancer sur ce que je n'ai pas eu le temps ou la possibilité de faire, plutôt que de me faire plaisir.

J'ai du mal à me convaincre de penser à moi alors même que Carole est privée de ses activités de prédilection : couture, bricolage, lecture, cuisine, rencontres amicales et familiales, voyages…

Avec le temps, et à cause des signaux d'alerte d'épuisement que j'ai subi, j'ai fini par accepter qu'il faille non seulement solliciter de l'aide, mais également vivre des temps de répit.

Il y a bien eu cette escapade de trois jours sur la Costa Brava avec Pierre et Christine, ainsi que cette virée œnologique et gastronomique dans le très beau massif de La Clape avec Alyosha et Tristan.

Même si mon esprit était un peu accaparé par le souci de laisser Carole sans ma présence, je savais qu'elle était entre de bonnes mains, attentionnées, affectueuses et efficaces.

Mais ces parenthèses sont insuffisantes sans doute sur une période de deux ans.

Je lis et j'entends ce qu'on me rappelle maintes et maintes fois :

— Tu as le droit de penser à toi, tu as le devoir de penser à toi.

— Si tu ne vas pas bien, Carole n'ira pas bien, car elle est dépendante

— Ton expression physique et verbale va se réfléchir dans celle de Carole.

— Si tu n'as plus l'énergie de t'occuper de Carole, si tu tombes malade, comment feras-tu ?

J'ai fait l'expérience de la maladie à Noël dernier. Heureusement quelques-unes de mes filles étaient là pour s'occuper de Carole. Comment aurais-je fait autrement, alité que j'étais pendant plus d'une semaine !

Avec la psychologue nous abordons, comme à chaque fois, la question cruciale à ses yeux de ma récupération.

Dans notre vie courante, nous avons tous besoin de recharger les batteries :

— Il ne faut pas en arriver à la goutte d'eau qui fait déborder le vase. Nous avons tous un vase dans lequel le stress se déverse. Mais le récipient doit autant que possible rester à moitié plein. Les temps de repos, de loisirs et de vacances permettent de faire baisser ce niveau de façon que nous puissions absorber, si nécessaire, une dose de stress supplémentaire sans qu'il ne déborde.

Cette image, bien connue, mais parfois évoquée trop superficiellement, me fait réfléchir.

— Sans vouloir vous donner de leçons, Il vous faut donc vous astreindre à organiser quelque temps de vacances pour vous tout seul, plusieurs fois par an, même s'ils ne sont que de courte durée, en confiant Carole à quelqu'un de confiance… De plus, avoir des projets de vacances quel que soit leur durée ou leur lieu, crée une dynamique, une certaine joie intérieure…

Je crois être convaincu de cette nécessité, mais je reste freiné par l'idée de laisser seule Carole.

Je visualise les moments où elle me retrouve après le temps passé avec l'auxiliaire de vie en me disant « Ah, tu es là ! » ou quand elle est dans une autre pièce « Je te cherchais »

Un petit épisode me revient en mémoire alors qu'une de mes filles m'avait gentiment proposé de dormir avec sa maman afin de me permettre de trouver un sommeil réparateur dans une autre chambre.

Je prépare Carole à cela :

— Ce soir, Albane va dormir avec toi pour me permettre de me reposer.

— Comment je vais faire quand tu partiras ?

me dit-elle le visage inquiet.

— Albane sera avec toi

— Mais je ne saurai pas comment faire !

— Ne t'inquiète pas, je ne serai pas loin, et s'il y a un problème Albane viendra me chercher.

Ce sont tous ces signes touchants, témoins de sa dépendance et de sa fragilité, qui me freinent dans l'idée de la laisser loin de ma présence.

Il faudra néanmoins m'y résoudre et peut-être qu'une des solutions est de lâcher prise en acceptant les propositions qui me sont faites par mon entourage.

Mais qu'il m'est difficile d'accepter toutes ces privations imposées par la maladie de Carole alors même que beaucoup d'autres de ma génération remplissent leurs vies de projets de voyage, d'activités de toute sorte, de temps en famille à entourer leurs petits-enfants.

Et que cela me paraît injuste de devoir être parfois contraint de passer du « nous » au « je »

— Tu as une âme, toi ?
— J'espère, sinon je serais trop seule dans ce monde.
— Tu es seule ?
— Oui, je crois, dans ce monde.
— Dans quel monde ?
— Dans le monde intérieur, inconnu des autres.
— Tu as encore un monde intérieur ?
— J'espère, oui, ce n'est que dans ce monde que tu te sens libre

Gao Xingjian

25
L'empathie du quotidien

Ce matin, Carole doit subir une endoscopie, dernier examen exploratoire pour rechercher une cause possible à ses maux de bas du ventre aujourd'hui disparus.

Je suis autorisé à l'accompagner durant tout son parcours jusqu'à son anesthésie en salle d'opération. Chacun des soignants témoigne d'attention, mais aussi et surtout semble attacher de l'importance à ma présence auprès de mon épouse.

Brancardier, infirmière, anesthésiste, gastro-entérologue et jusqu'à l'aide-soignante qui vient parler avec moi en salle de réveil. Sa maman est également atteinte d'Alzheimer, et je la sens émue aux larmes en évoquant son état, ses difficultés, les entraves à son autonomie.

Après quelques paroles échangées, alors que je suis assis sur un simple tabouret dans une salle, en attente du réveil de Carole, je sens une main posée sur mon épaule et quelques mots murmurés : « bon courage à vous ».

Je ne crois pas avoir été confronté à un manque d'attention à la maladie de Carole de la part de soignants, et au-delà de l'expertise médicale dont ils font preuve, et qui d'une certaine manière rassure, le plus important pour moi est leur attitude d'écoute, leur empathie, l'échange et le partage non seulement d'informations médicales, mais également de notre quotidien.

*

*   *

Durant une consultation mémoire à l'hôpital Pierre Paul Riquet, nous évoquons comme chaque fois le quotidien, les activités de stimulation cognitive, mon ressenti sur l'évolution de l'état de santé de Carole. Le professeur neurologue, Jérémie Pariente, est accompagné de quelques autres soignants : chef de clinique, internes, infirmière, neuropsychologue. À un moment il se tourne vers eux :

— Vous voyez, sans l'aidant nous ne pouvons rien faire. Nous avons peut-être le savoir médical, mais il a le vécu du quotidien, la connaissance du malade.

— Merci monsieur.

— Si je le dis, c'est que je le pense vraiment.

Je suis étonné et touché par ces paroles.

*

*   *

À l'occasion d'une nouvelle hospitalisation, nous faisons notre marche quotidienne dans les couloirs de l'hôpital. Notre circuit est bien rodé : longer les services de kinésithérapie, prendre les ascenseurs visiteurs, descendre jusqu'au 3e étage pour rejoindre les différents halls d'admission des principaux départements de l'hôpital.

Nous pouvons ainsi par quelques pas retrouver le pôle d'accueil de la neurologie, reprendre l'ascenseur et ainsi retourner au service hospitalisation B8, au 6e étage.

Mais aujourd'hui nous avons décidé de ne pas descendre et de simplement nous promener dans les longs couloirs du 6e, qui sont un vrai labyrinthe, un coup à droite, un coup à gauche. De temps à autre une perspective s'ouvre vers l'extérieur depuis les baies vitrées, vers les petites terrasses où le personnel soignant prend sa pause, plongeant parfois sur une chambre où nous apercevons un malade ou un soignant. Je détourne vite le regard, ne voulant pas m'immiscer dans une intimité sans doute remplie de souffrance.

Par distraction, en voulant retourner sur nos pas, je pousse une porte et réalise quelques secondes plus tard que nous sommes dans un service d'hospitalisation, car nous longeons ce qui semble être des chambres et salles de service. Une soignante nous croise en nous demandant ce que nous cherchons.

Je suis confus et explique que je me suis trompé.

— Ces couloirs sont trop longs. Je vais vous montrer un raccourci que vous pourrez emprunter autant que vous le voulez.

— Merci Madame.

— Ce que je souhaite c'est que vous ne soyez jamais obligé de vous arrêter dans ce service, car il s'agit des soins palliatifs !

Cette soignante a bien vu que notre rythme était lent, mais plutôt que de nous donner son aide ponctuellement voire de nous faire rebrousser chemin, elle nous ouvre une porte pour une prochaine fois.

Je suis très touché par cette démarche.

*

* *

Aujourd'hui nous quittons l'hôpital au bout de dix jours, longs, mais nécessaires.

Nous disons un au revoir au travers de la porte ouverte vers la salle de réunion où sont présents médecins et infirmières pour leur dire de loin un simple « merci ».

Le mot est réducteur tant je voudrais leur exprimer ma gratitude pour leur présence, leurs soins apportés, leurs sourires et leurs mots de réconfort.

Nous traversons de quelques pas le couloir qui mène vers la sortie. La porte est fermée afin de prévenir quelconque errance d'un malade à l'insu des soignants.

Nous avons juste à appuyer sur le bouton de déverrouillage.

Nous allons donc devoir continuer à marcher dans un autre couloir qui nous mènera enfin vers l'ascenseur de la sortie.

Sur notre chemin, nous croisons un soignant qui a bien compris que nous quittions l'hôpital.

— Si vous voulez, vous pouvez prendre cet ascenseur réservé au personnel. Il vous fera gagner du temps.

— Merci, c'est gentil de votre part.

— Une fois au rez-de-chaussée, vous n'aurez qu'à marcher dans un long couloir jusqu'à la sortie.

— Encore merci.

— Bonne journée à vous. Portez-vous bien.

Effectivement, nous sommes dans les antres de l'hôpital.

Nous longeons les locaux syndicaux. Je regarde vers les panneaux d'affichage, qui expriment par leurs slogans comme une frustration par rapport aux conclusions du Grenelle de la santé. Je rejoins tellement ces revendications qui ne demandent qu'une vraie reconnaissance de leur métier, de leur compétence et de l'énergie donnée.

Nous en sommes encore loin, emprisonnés dans des logiques comptables et donc étriquées.

*

* *

Les jours passant, je réalise que la bienveillance des autres est parfois suscitée, de façon presque inattendue, par celle que Carole leur porte.

En sortant de consultation chez notre médecin traitant, sur le pas de la porte, Carole, que je tiens par la main, se retourne vers lui en lui souriant largement et en lui disant merci. Le geste lent et l'intensité qu'elle y met touchent, je crois, notre médecin. Il lui pose la main sur l'épaule :

— Portez-vous bien, Madame ! À la prochaine fois…

Nous nous empressons d'aller à la pharmacie avant sa fermeture en cette fin d'après-midi hivernale. Il y a toujours un peu de monde, ce qui contraint chacun à prendre son ticket à l'entrée de l'officine et à attendre son tour.

C'est donc également notre cas et nous patientons derrière une jeune femme.

Carole voyant une personne quitter le comptoir me dit :

— Maintenant on peut y aller, m'emboîtant prestement le pas

— Non Carole, il nous faut attendre que le numéro 04 s'affiche pour pouvoir nous avancer

— Ah, d'accord, j'espère que ça ne sera pas long.

La jeune femme qui nous précède a probablement entendu les mots prononcés par Carole et, sans doute étonnée de ce timbre de voix jeune, se retourne vers nous.

Carole lui sourit aussitôt, lui glissant un « bonjour » rempli de bienveillance.

Une nouvelle fois, elle a touché quelqu'un qui ne la connaissait pas et j'en suis également ému, gorge serrée sans m'y habituer, sans en être jamais blasé.

*

*   *

Lors de son séjour à l'hôpital, je viens passer l'après-midi avec Carole, sitôt un déjeuner vite avalé.

Ce dimanche, je rentre dans la chambre, mais ne la trouve pas.

Je me dirige donc vers l'office où je la retrouve, un verre à la main, en compagnie de deux aides-soignantes, détendue. Je pense même avoir interrompu une conversation.

Carole, me disent-elles, entendant leurs voix de l'office proche de la chambre est venue spontanément les voir, sans doute pour rompre son ennui.

Elles sont restées disponibles alors que ce temps était celui de leur pause…

*

*   *

L'empathie et l'affection du quotidien, ce sont avant toute chose celles données par nos enfants, mais aussi leurs conjoints. Ils subissent de plein fouet cette épreuve, qui vient toucher en plein cœur leur compagne, leur épouse et leurs enfants. Tristan me raconte :

« Clémence était enceinte d'Oscar et nous avions décidé de ne pas partir en vacances, mais de les passer plutôt au Clos Familial…

Nous étions là le jour où vous nous avez annoncé le diagnostic. Je n'y croyais pas et puis je n'avais pas assez de recul… Certes nous étions régulièrement chez vous, mais mon arrivée dans la famille quelques mois auparavant ne m'avait pas permis d'en mesurer l'évolution. Nous étions dans le salon, vous avez appelé vos filles pour leur annoncer la nouvelle, et Carole est venue nous parler :

— Voilà, m'a-t-elle dit, j'ai la maladie d'Alzheimer et du coup je ne veux plus t'entendre me parler de ta crainte de calvitie.

C'était rempli d'humour et de légèreté et l'a fait sourire, malgré cette nouvelle pleine d'incertitude pour l'avenir.

Il est possible que Carole oublie un instant qui je suis, puis qu'elle me dise quelques minutes plus tard, une phrase remplie de mots tendres, qui me fasse comprendre qu'elle m'a reconnu.

J'ai compris avec le temps que chaque moment où Carole est présente doit être vécu comme un cadeau et qu'il faut laisser parler son cœur.

Lors du décès de ma maman, après trois années prisonnière d'un cancer, Carole a été présente à la cérémonie d'adieu à Pau.

Malgré le chamboulement pour elle, la fatigue due à la route depuis Toulouse, elle a tenu à me dire un petit mot.

Depuis quelques semaines, nous avons mis un rituel en place : ma femme vient dormir avec Carole une fois par semaine pour vous soulager le temps d'une nuit.

Nous aimerions faire plus pour vous aider Thierry, pour changer les idées de Carole, mais il est difficile de trouver l'action qui sera bénéfique. Nous ne voulons pas nous imposer, mais en même temps, nous ne voulons pas être absents du quotidien.

Je pense que nous ne faisons pas les choses aussi bien qu'il le faudrait, mais nous essayons de nous adapter au mieux aux besoins de Carole.

Clémence a travaillé avec des personnes atteintes par cette maladie. Elle connaît la direction que nous prenons, elle rassure nos enfants, épaule son père, et profite de chaque moment qu'elle peut avoir avec sa mère. Son courage et sa bienveillance sont à prendre en exemple. Elle s'oublie et s'efface complètement pour le bonheur de sa famille. »

On ne cherche pas de la compassion, mais de la compréhension, et d'être vu de la même manière qu'avant, pour toujours exister de la même manière

Anne Sophie Julliand
Deux petits pas sur le sable mouillé

26
Je comprends votre inquiétude

Les examens exploratoires ont tous été effectués. Moments parfois pénibles et fatigants pour Carole. Après un trajet d'une trentaine de minutes pour se rendre à Toulouse, il a fallu s'armer de patience pour les formalités d'admission, les salles d'attente, les examens parfois intrusifs.

J'observe chaque fois l'impatience de Carole qui grandit, mais aussi sa fatigue voire lassitude. Je mesure aussi son courage, car elle accepte de suivre les instructions docilement, d'essayer de répondre aux questions, de souffrir en silence lorsque le geste posé provoque une douleur ou une gêne.

Je lis tout cela sur son visage parfois perdu qui se tourne inquiet vers le mien :

— C'est fini maintenant ? On rentre chez nous ? J'en ai assez.

Bilan gynécologique, endoscopie, IRM, bilan urodynamique…

Tous ces examens n'ont rien révélé d'anormal sur le plan organique et fonctionnel.

Cela est en soi rassurant, mais en même temps frustrant.

Qu'est-ce qui a pu causer ces douleurs pourtant bien présentes ? Est-ce uniquement la conséquence de la maladie ?

Il se trouve que depuis quelques semaines, à l'issue de la neuvaine de prière pour Carole, ces maux ont disparu.

Deo Gratias !

Nous accueillons cela comme une grâce, simplement. Le témoignage de la présence de Dieu dans nos vies, discrète et aimante, comme pour nous dire :

— Courage, je suis là auprès de vous.

Puis subitement la somnolence voit le jour, emportant Carole dans un état de sommeil quasi permanent.

Chaque jour montre l'évolution inquiétante des symptômes : déficit musculaire, marche hésitante, manque d'appétit.

L'état de fatigue est tel que Carole n'a plus la force d'ouvrir la bouche ni de mâcher ses aliments.

Néanmoins, durant les rares moments où elle peut s'alimenter, Carole sait très bien me dire d'un « non » bien marqué ou d'une sentence sans appel : « ce n'est pas bon », si le plat n'est pas à son goût.

Je reconnais bien là mon épouse, gastronome et fin gourmet, qui nous a tant régalés par son talent culinaire des décennies durant.

Mon inquiétude grandit face à sa somnolence, car de ce que je sais de la maladie d'Alzheimer, elle est précurseur d'un stade avancé, voire critique, de la maladie.

Ne faudra-t-il pas songer à demander une aide à la prise des repas, une hospitalisation à domicile, la venue d'une infirmière de façon régulière ?

Je ressens comme une impuissance face à cette évolution.

J'alerte l'hôpital et la chef de clinique me rappelle.

J'évoque ces nouveaux symptômes, accompagnés par ailleurs de douleurs ressenties dans les cuisses.

— Je suis inquiet, car de ce que j'ai lu, cette insomnie omniprésente peut traduire un nouveau stade dans la maladie, voire pire.

Je n'ose prononcer le mot couperet.

La neurologue me répond :

— Le traitement peut avoir un effet sur la somnolence, mais pas à ce point. Il nous faut d'abord rechercher s'il n'y a pas de cause extérieure à cet état et votre médecin traitant devra faire des examens exploratoires complémentaires… mais je comprends votre inquiétude.

Au son de sa voix, je perçois comme une préoccupation quant aux symptômes décrits.

Je suis à la fois rassuré qu'il y ait cette écoute attentive, et en même temps troublé par ces paroles qui sont reçues comme une vague venant dissoudre le château de sable qu'on s'était construit, en espérant naïvement que la marée arriverait le plus tard possible.

Je pressens intérieurement qu'un nouveau chapitre est en train de s'ouvrir dont je n'ose imaginer le titre approprié pour ce que nous aurons à vivre.

*

* *

Comprendre pourquoi la maladie est survenue, s'il y a des facteurs héréditaires ou un terrain favorable qui ont fait surgir cette sangsue du cerveau, insatiable et cruelle, sont des questions légitimes et qui taraudent l'esprit de tout l'entourage.

Nombre d'ouvrages existent qui aident à mieux connaître la maladie, ses symptômes, son évolution, mais aussi les facteurs de risque, de protection, de prévention.

Néanmoins l'avancée de la science en ce domaine impose l'humilité et un peu de recul.

La maladie d'Alzheimer est encore méconnue, en particulier lorsqu'elle survient à un âge jeune, ce qui est le cas de mon épouse.

Des témoignages décrivent combien l'évolution est plus rapide, plus chaotique pour un Alzheimer précoce plutôt que pour un Alzheimer vieillissant.

Carole a été diagnostiquée en juillet 2019, même si les premiers symptômes ont été perceptibles au moins une année auparavant. L'on sait à présent que la maladie est quasiment asymptomatique pour une durée de quinze à vingt ans.

Cela signifie que Carole a commencé à être rongée insidieusement par cette pieuvre, alors même qu'elle goûtait à une vie riche et bien remplie.

Beaucoup d'amitiés nouées, club de lecture, animation de groupes de partage, d'un comité de vote pour le prix littéraire Robles, temps de fêtes et de convivialité, et bien avant toute chose, nos huit filles qui grandissaient dans l'adolescence et, pour les plus petites, encore dans l'enfance.

Nous vivions alors dans cette vallée des rois, bucolique, généreuse par ses paysages, son patrimoine et son histoire.

*

*   *

J'essaie au fil du temps d'enrichir ma connaissance des symptômes possibles, de l'évolution probable, des solutions à mettre en œuvre pour soulager Carole de ses maux.

C'est une réaction je crois légitime que de vouloir anticiper, d'essayer de maîtriser, mais les symptômes d'aujourd'hui ne vont pas être systématiquement identiques à ceux observés hier.

Un collègue de travail me disait, comme pour me rassurer « tu sais, ma tante a quatre-vingt-cinq ans, et depuis qu'elle a été diagnostiquée il y a quinze ans, je ne trouve pas qu'elle ait beaucoup baissée »

Je me suis comme accroché à ce témoignage qui se voulait rassurant. Je me suis plongé dans des ouvrages décrivant les stades différents.

La réalité est toute autre, Carole, diagnostiquée il y a trois ans, est désormais dans un stade avancé « extrêmement sévère » qui contredit injurieusement ces statistiques.

Même si je me sens comme coupable d'une telle rapidité dans la progression de la maladie, je me résous au fil du temps à accepter que les choses m'échappent, que je n'arrive pas à la protéger du tsunami, convaincu que la digue est fragile et cédera un jour à la force des éléments.

Les soignants, mon entourage, essaient de me réconforter, de m'encourager dans ma mission d'aidant, dans ce que j'ai tenté de mettre en place, à la fois pour distraire et stimuler Carole au quotidien.

Non, la maladie n'a pas d'évolution lente, voire très lente. En tout cas, rien n'est assuré, et cela particulièrement chez les personnes jeunes.

*

*   *

L'observation de la pratique des soignants, et en particulier des neurologues, m'ont montré combien ils doivent, tout comme l'aidant au quotidien, réajuster le traitement en fonction de l'évolution de la maladie.

Carole était suivie avant que le diagnostic ne soit posé pour une possible maladie orpheline qui générait des douleurs articulaires. L'exploration clinique qui a été faite a conduit à mettre en évidence une sténose foraminale et à orienter Carole vers un rhumatologue.

Le traitement pour soulager ces douleurs était du Tramadol.

Cet antalgique puissant et efficace a été prescrit par les thérapeutes pour soulager à la fois les douleurs d'arthrose, mais également les maux de bas du ventre persistants et accompagnés d'un stress de plus en plus prégnant.

En évoquant ces problèmes intestinaux lors d'une consultation mémoire, nous avons de façon concertée décidé de stopper ce traitement ainsi que le Tramadol, mais également l'Exelon ou en tout cas d'en réduire la dose, compte tenu des effets potentiellement indésirables pouvant se traduire par des troubles digestifs.

L'Exelon était à mes yeux la seule possibilité médicamenteuse de ralentir l'évolution de la maladie à un stade débutant ou modéré.

Renoncer à ce traitement a été une étape difficile même si on sait que les bénéfices attendus de cette molécule sont limités.

Malgré ces décisions, les douleurs abdominales ont persisté, toujours accompagnées du trouble obsessionnel d'aller aux toilettes.

Carole a dû suivre un long parcours de soins et d'examens afin de vérifier que la cause de ces maux n'était pas fonctionnelle ni organique.

Tout cela signifiait des rendez-vous, un déplacement d'une trentaine de kilomètres jusqu'à Toulouse, de l'attente, des interventions parfois douloureuses et intrusives.

J'étais présent de façon permanente pour assister les soignants en ma qualité d'aidant pour traduire telle ou telle consigne, tenir la main de Carole, l'aider dans les gestes à poser, la rassurer.

L'évolution de la maladie avait conduit l'équipe de neurologie à prescrire un neuroleptique.

Sont apparus de nouveaux symptômes comme une raideur et rigidité marquées, qui ont empiré au fil du temps jusqu'à ne plus permettre à Carole de se mouvoir de façon autonome.

Se lever, se coucher, monter ou descendre de la voiture nécessitent à présent l'assistance de mes bras.

Les pas sont hésitants, presque tremblants, jusqu'à faire chuter Carole dans les escaliers. Heureusement sans grave conséquence, si ce n'est provoquer un traumatisme et une perte de confiance en elle dans sa motricité.

La montée des escaliers devient très éprouvante. Il me faut éviter tout trébuchement, toute chute qui pourrait entraîner des conséquences graves pour Carole autant que pour moi.

Lever son pied pour gravir la prochaine marche est un défi tant elle est somnolente :

— Carole, Carole, Carole, réveille-toi. Aide-moi en soulevant un pied.

Sans trop ouvrir les yeux, je l'entends dire avec comme une mélodie

— C'est moi, c'est moi, c'est moi !

Dans une situation à mes yeux critique et pesante, Carole a amené de la légèreté et de l'humour.

*

* *

À cette somnolence omniprésente vient s'ajouter une perte d'appétit notoire.

Au petit déjeuner, Carole refuse de s'alimenter :

— Il faut manger Carole sinon tu ne vas pas être bien.

— Tu feras ce qu'il faut…

Mais que puis-je faire de plus ?

Je manque d'imagination, ou plutôt je suis pris par un découragement qui m'empêche de réfléchir sereinement aux solutions à ce problème.

Alors il nous faut renoncer aux cours de peinture, aux exercices d'orthophonie, aux activités d'art thérapie, limiter la présence de l'auxiliaire de vie à une heure quotidienne tout au plus…

Au réveil de sa sieste, Carole me confie :

— C'est terrible ce que nous vivons.

*

* *

Voyant l'ensemble de ces symptômes s'aggraver de jour en jour, je m'en réfère au chef de clinique du service de neurologie, avec une requête d'hospitalisation.

Je me sens totalement impuissant, démuni, inquiet pour l'avenir.

Je me documente sur l'apparition de tels symptômes dans l'évolution de la maladie et les résultats sont plutôt alarmants.

Je prends rendez-vous avec notre médecin traitant le lundi matin, sur la recommandation de l'hôpital avant toute prise de décision.

Clémence, qui a vu l'état de sa maman durant le week-end, me propose de m'accompagner. Je ne serais même pas arrivé à faire monter Carole dans la voiture tant son état est faible, et je crains également de faire un mauvais mouvement et d'en subir les conséquences pour mon dos.

Quand le docteur vient nous chercher dans la salle d'attente de son cabinet, je perçois dans son visage qu'il est inquiet. Je lui explique en deux mots la situation. Sans même ausculter Carole, il appelle immédiatement le service de neurologie en demandant une hospitalisation immédiate. Deux heures plus tard, je reçois un coup de fil de l'hôpital m'indiquant que nous sommes attendus au 6e étage, unité B8 à 15 h 30 à l'hôpital Pierre Paul Riquet, à Toulouse.

Les premières constantes sont prises : le taux de saturation est bas. L'infirmière se tourne vers moi, semble préoccupée et me dit :

— Il faut que je parle au médecin, je reviens dans quelques instants.

De toute évidence cela inquiète les soignants.

Nous resterons le temps nécessaire pour analyser et tenter de traiter ces problèmes multiples et surtout cette dénutrition.

La conclusion de ces journées d'hôpital est que le neuroleptique administré jusqu'à présent a des effets indésirables en raison d'une protéine dont la présence est soupçonnée, alpha-synucléine, qui est un des composants principaux présents dans la maladie à corps de Lewy.

En cas d'échec, j'ai été informé des choix possibles pour la nutrition, peu réjouissants tant ils sont douloureux et/ou intrusifs : sonde gastrique, gastroscopie…

*

*   *

Notre fille Astrid, âgée, alors de huit ans, a été gravement malade durant plusieurs années sans que puisse être identifié ce qui avait provoqué son mal.

Une crise ressemblant à de l'épilepsie, survenue un matin à l'école de la Providence à Blois, avait justifié un transfert à l'hôpital de Tours par hélicoptère. Des examens médicaux avaient milité pour une forme de myopathie, mais le traitement administré ne faisait qu'empirer son état. Astrid perdait ses facultés motrices, obligée d'avoir recours à un fauteuil roulant.

Nous avions dû presque nous résigner à imaginer un avenir handicapant pour elle, sans pour autant être convaincus du diagnostic.

Les neurologues, semblant également douter de leur diagnostic, étaient démunis devant les effets du traitement. Ils avaient donc décidé de la faire transférer à l'hôpital de Garches, en région parisienne, qui est un centre de référence pour le traitement des maladies neuromusculaires, et donc des myopathies.

Nous avons traversé une période marquée par la souffrance ainsi que l'éloignement imposé de notre domicile situé à Blois, l'accueil de la maison des parents, l'école à l'hôpital, l'avenir embrumé par l'incertitude du diagnostic posé.

Il fallait bien mettre un terme à ce séjour hospitalier dont la conclusion qui semblait plus une hypothèse qu'une certitude était qu'Astrid avait une myasthénie mitochondriale.

Nous n'étions pas convaincus en notre for intérieur de la véracité de ce diagnostic. Nous étions comme frustrés de ne pas avoir reçu d'éclairage sur ce qui s'était passé ce matin-là à l'école, ce qui pourrait survenir à nouveau et ce que nous réserverait l'avenir.

Par la médiation d'une association des maladies orphelines, nous avons eu la chance d'obtenir un rendez-vous avec le professeur Arnold Munich, à l'hôpital Necker, à Paris.

Ce pédiatre, généticien, à l'humanité hors du commun, a tenté de mettre la génétique moléculaire au service de la pédiatrie.

Sa renommée, confirmée par la difficulté à obtenir un tel rendez-vous, nous a fait mesurer combien nous étions chanceux de le rencontrer et, surtout, nous a redonné de l'espoir d'avoir enfin des éléments de réponse sur ce que nous nous étions résignés à ne jamais comprendre.

Le jour de la consultation en présence d'Astrid, le professeur propose à Carole « d'aller faire les soldes au Bon Marché » et me missionne de mon côté pour aller chercher l'échantillon de muscle qui avait été utilisé pour une biopsie et conservé à l'hôpital Pitié Salpêtrière, dans l'unité de génétique clinique, près de la gare d'Austerlitz.

Muni d'une glacière et d'une missive à l'intention de mes interlocuteurs, je prends ma voiture et traverse Paris pour me rendre dans ces locaux.

Une fois revenu, une nouvelle biopsie est effectuée et lorsque vient le moment du verdict, le professeur nous annonce :

— Astrid n'a pas de myasthénie mitochondriale ni aucune autre maladie. Tout va bien.

Nous sommes pris entre un sentiment de soulagement, de révolte, de frustration et d'incompréhension.

— Mais alors que s'est-il passé ?

— Nous ne pouvons retourner dans le passé, mais il y a peut-être eu un moment de crise ponctuelle, passagère.

Nous ne sommes pas étonnés finalement. Nous n'avons jamais vraiment été convaincus par les comptes rendus et diagnostics posés par les différents médecins qui se sont occupés de notre fille.

— Vous ne devez jamais enfouir votre intuition profonde sous un boisseau. C'est vous, parents, qui savez.

Cette phrase nous a beaucoup marqués, et si j'évoque un peu longuement cet épisode, c'est parce qu'il m'habite pleinement, dans le cas de Carole, lorsqu'il s'agit de faire face à de nouveaux symptômes, de devoir adopter une attitude, observer les réactions physiques ou psychologiques de mon épouse.

Il ne s'agit pas de se défier de l'accompagnement médical indispensable et précieux dans cette maladie, mais plutôt de ne pas hésiter à communiquer, exprimer ses questionnements, ses doutes, son intuition profonde. De faire équipe finalement avec tous ceux qui entourent et aident mon épouse, de recevoir, mais aussi de donner par l'échange et l'écoute.

*

* *

Nous quittons l'hôpital en fin de matinée.

Une visite du professeur Pariente et de son équipe est prévue. Nous l'attendons impatiemment.

Entouré de quelques internes et du chef de clinique, alors que Carole somnole, allongée sur son lit, il s'adresse à moi :

— Monsieur, je vais vous dire quelque chose que vous savez sans doute déjà : la maladie est entrée dans un stade sévère. Je m'étonne moi-même de cette évolution aussi rapide que fulgurante.

Il me dit s'être questionné sur une autre maladie qui se serait greffée sur celle déjà diagnostiquée.

Je l'interroge sur l'éventualité que les recherches effectuées antérieurement sur une maladie orpheline pourraient aider à en identifier une nouvelle.

Il me répond qu'il a avec son équipe, repris le dossier. Il n'y a aucun indice et en tout cas aucune interférence avec le diagnostic déjà posé pour la maladie d'Alzheimer.

Dans l'art de perdre, il n'est pas dur de passer maître, tant de choses semblent si pleines d'envie d'être perdues que leur peine n'est pas un désastre. Perds chaque jour quelque chose. L'affolement de perdre tes clés, accepte-le, et l'heure gâchée qui suit. Dans l'art de perdre, il n'est pas dur de passer maître.

Elizabeth Bishop
L'Art de perdre

27
Il vous faut réfléchir à un placement en institution

Lorsque j'ai rencontré Carole, elle avait 23 ans.

D'une beauté naturelle, habitée de pureté telle une rose qui ravit votre regard, mais dont on pressent qu'en la prenant maladroitement, on pourrait faire tomber un pétale.

D'un parfum si délicat que vous craignez qu'il vous échappe. Et quand vous en êtes séparé, vous êtes comme pris d'un manque, vous ressentez comme une absence cruelle, et en même temps ces effluves de parfum vous reviennent par petites touches, ce regard bleuté comme l'azur vous sourit à nouveau. Vous espérez alors le prochain rendez-vous.

Pourtant, maladroit que vous êtes, ces instants de rencontre font naître en vous un désir tel que vous ne prêtez pas suffisamment attention à cette intelligence du cœur de votre aimée, qui vous chuchote qu'il faut savoir d'abord explorer l'âme et l'esprit, pour sublimer enfin cela dans l'union charnelle.

Son sourire, son regard de côté, la tête un peu penchée, ses œillades dévastatrices, sa douceur et sa sensualité dans nos moments d'intimité, tout cela m'a été donné comme le plus merveilleux cadeau de ma vie.

La nuit quand je regarde Carole dans notre lit et qu'elle a les yeux ouverts, je retrouve le visage de cette jeune fille d'une vingtaine d'années.

Il n'y a pas une ride, pas un signe du temps qui a passé. C'est un présent que je reçois et dont je me délecte.

Alors, lorsque mon médecin me dit que je dois songer à un placement en institution, après lui avoir confié que j'étais fatigué, je ne peux que rejeter en bloc une telle perspective.

Je ne dis pas par-là que cette décision ne sera pas à prendre un jour, je ne sais pas. Mais à la date d'aujourd'hui, elle m'est insupportable !

Tant que Carole me dira des « je t'aime », me donnera un sourire, me caressera le visage la nuit quand elle ne sait que faire de ses doigts, continuera à venir dans sa déambulation de mon côté du lit pour poser sur mon visage des objets et des papiers, tant que tout cela perdurera, Carole restera à mes côtés.

La nuit a été agitée, j'en ai perdu patience, sous l'emprise de la fatigue et de la frustration de ne pouvoir goûter à un repos continu et réparateur.

Au petit matin, Carole ouvre les yeux, le visage inquiet, embué par des larmes :

— Ma vie est atroce. Il n'y a plus rien qui existe. Il faut me garder. Je vais bientôt mourir.

*

* *

Un soir en aidant Carole à se déshabiller, elle se tourne vers moi, le visage un peu perdu et me dit :

— C'est qui ?

— Je suis Thierry, ton mari. Tu me reconnais ?

— Non, je ne te reconnais pas.

— Je suis Thierry, ton mari qui t'aime.

— Ah oui !

Ce même soir au moment du coucher, d'une voix douce, elle me dit :

— Je t'aime mon chéri.

— Et moi donc ma chérie.

Il me faut apprendre au quotidien à accepter ces mots qui semblent marquer comme une distance, un éloignement.

Mais il me faut également savourer ce cadeau qui nous est donné par ces mots prononcés qui viennent contredire insolemment, mais délicieusement les précédents.

Alors, qu'est ce qui devrait m'obliger à confier Carole à d'autres mains que les miennes, démissionner de ma mission, à l'abandonner ?

Je ne peux l'imaginer ni même rationaliser des critères de décision.

Je sais bien que si l'agressivité survenait, si une non-reconnaissance totale prenait le pas sur tout le reste, je subirais avec douleur ainsi que mon entourage un tel éloignement dans l'esprit et la communication.

Nous n'en sommes pas là.

Confier Carole à une institution me paraîtrait comme une décision égoïste.

Nous sommes ensemble jusqu'au bout du bout. C'est pour cela que nous nous sommes engagés devant Dieu et les hommes.

On se marie « pour le meilleur et pour le pire ». Le pire est peut-être là, vu de l'extérieur, mais le meilleur demeure, vu de l'intérieur.

28
Renoncer

Nous avons toujours aimé voyager. Nous avons découvert des paysages et cultures différentes au fil des années et en fonction de nos possibilités : Istanbul, l'Italie, l'Espagne, le Maroc, la Martinique et l'Afrique du Sud, voyage inoubliable et émouvant.

Nous étions partis découvrir ce pays pour mieux comprendre sa culture, son histoire douloureuse dont on perçoit encore les blessures et les plaies à peine refermées. Nous avions tenu à aller sur les lieux qui ont marqué le périple de Nelson Mandela, que ce soit à Robben Island ou à Johannesburg, dans la prison qui est maintenant le siège de la cour constitutionnelle d'Afrique du Sud, Constitution Hill. Et il y a eu bien sûr la rencontre avec cette faune sauvage, mais malheureusement en danger d'extinction, lors de nos séjours dans des réserves.

À l'occasion de ma retraite, je voulais offrir à Carole une nouvelle escapade et c'est naturellement l'Afrique vers laquelle nous souhaitions nous envoler.

Un safari dans les paysages somptueux de la Tanzanie et plus précisément dans le cratère du Ngorongoro, pour aller retrouver nature et animaux peut être encore un peu plus près, faire l'expérience des campements nocturnes, de longs périples à travers la brousse, de safaris au lever du jour puis à la tombée de la nuit.

C'était oublier la maladie insidieuse qui continuait son œuvre destructrice. Depuis quelques mois, Carole souffrait de douleurs abdominales et nous ne pouvions envisager de barouder et d'être ainsi chahutés des heures durant. Nous nous sommes donc résolus à choisir une destination où nous pourrions à la fois découvrir un nouvel horizon, une culture différente, mais aussi nous prélasser dans un lieu confortable et relaxant.

Nous avons donc choisi l'île Maurice vers laquelle nous nous sommes envolés au mois de novembre.

Même si Carole avait ces douleurs et cette anxiété de devoir aller aux toilettes, nous avions d'un commun accord pris le pari que ce voyage serait comme une parenthèse, une occasion de lâcher prise dans notre quotidien un peu stressant.

Nous séjournerons dans deux endroits différents : l'un sur la côte est, l'autre sur la côte ouest qui ont chacune un paysage côtier particulier.

Le jour du départ tant attendu arrive. Nous avons choisi avec nos amis bretons le maillot de bain de Carole lors d'un séjour à Saint-Malo, avons préparé soigneusement nos bagages et faisons donc route vers l'aéroport.

Je perçois chez Carole une certaine anxiété lors du passage des contrôles.

Alors que nous sommes assis dans la salle d'embarquement à l'aéroport de Toulouse Blagnac, elle ressent le besoin d'aller aux toilettes que je lui montre de loin, devant surveiller nos affaires et pensant qu'elle saura s'y rendre.

Quelques minutes plus tard, distrait par mon téléphone, je n'ai pas prêté attention au fait que Carole est déjà sortie des toilettes et semble désorientée, perdue, ne retrouvant pas mon regard.

Je me précipite alors afin de la rassurer et me sens coupable d'un manque d'attention quand je vois son visage encore inquiet.

Nous devrons nous rendre une dizaine de fois aux toilettes durant ce vol de près de onze heures.

Toute la durée de notre séjour, Carole restera alitée dans la chambre de l'hôtel.

Nous aurons même recours à des séances de relaxation par WhatsApp avec notre kinésiologue.

Il y aura bien quelques parenthèses de vraies vacances, comme un dîner de découverte de la gastronomie locale, ou un bain de soleil au bord de la piscine ou du lagon.

Mais il y aura aussi une imprudence de ma part à lui proposer une promenade en bord de mer sous un soleil tropical, ou la visite en voiture d'un temple hindou qui ne feront que la fragiliser.

Je formulais intérieurement à tort que demain serait différent, que l'état de Carole irait en s'améliorant, qu'elle allait enfin pouvoir profiter de ces vacances et oublier ses maux.

C'était égoïste de ma part.

Alors il a fallu renoncer.

Renoncer aux deux dîners d'amoureux planifiés en secret avec les deux hôtels où nous devions séjourner : le premier au bout d'un ponton au-dessus du lagon sur la côte est, le deuxième sur la plage au coucher du soleil sur la côte ouest.

Renoncer à la séance de spa, à l'observation avec nos masques des poissons et coraux multicolores, à savourer des déjeuners et dîners d'une cuisine exotique, à partir à la découverte de l'île, de sa culture, de ses paysages et de son patrimoine.

Au lieu de tout cela, nous résigner à devoir aller à l'hôpital trois jours, sur le conseil d'un médecin local appelé en urgence depuis l'hôtel, impuissant que je me trouvais à gérer cette situation.

Notre chambre donne sur l'Océan Indien, à Port-Louis. Notre seule distraction est d'observer le ballet incessant de cargos et porte-conteneurs qui vont et viennent ou attendent patiemment leur tour à l'entrée du port.

Il fait beau dehors, mais nous sommes bien loin de l'ambiance vacances au bord d'un lagon.

Je dois être aussi en relation quasi quotidienne avec le service d'assistance voyage pour envisager un rapatriement, trouver la meilleure option possible sur le vol retour, pour assurer le confort nécessaire afin que Carole soit apaisée.

Les examens successifs, le traitement administré ne réussissent pas pour autant à apaiser le mal-être de Carole. Je décide donc de mettre fin à ce séjour hospitalier. Nous ne serons que mieux en restant à l'hôtel plutôt que prisonniers d'un lieu inconfortable, à la nourriture médiocre et un personnel forcément pressé et accaparé par d'autres malades.

Une fois de retour à l'hôtel, les journées s'égrèneront donc à aller chercher matin midi et soir un plateau-repas pour Carole et pour moi, que nous prendrons dans la chambre à regarder une série sur les chaînes de télévision internationales.

Je devrai pour cela traverser, un plateau à la main, la terrasse de la piscine, le front de mer de l'hôtel, et affronter le regard étonné voire parfois presque moqueur de vacanciers se prélassant un verre de punch à la main.

La direction des deux hôtels et leurs équipes sont très attentionnées.

Dans l'attente de la préparation du repas par le personnel de service, je m'octroie un répit de quelques minutes en sirotant seul un cocktail exotique et en contemplant ce panorama paradisiaque.

J'observe, particulièrement le soir, ces couples assis le regard tourné vers la mer, bronzés et détendus, partageant peut-être les souvenirs de leur journée, de leur escapade à la découverte de l'île, évoquant ce que sera le lendemain et se confiant, je l'espère, leur bonheur de se trouver ensemble et dans ce lieu.

*

* *

La femme de chambre qui vient quotidiennement n'a de cesse que de témoigner de petites attentions, comme quelques fleurs exotiques posées sur les serviettes de bain…

Le jour venu du retour, je réussis à avoir un embarquement prioritaire pour Carole. Je me dois de prévenir le personnel de bord de la situation. Une hôtesse me confie :

— Je comprends ce que vous vivez, mon mari est atteint de la même maladie

Ce témoignage me fait chaud au cœur.

Je ne suis donc pas tout seul…

Je vis avec un sentiment étrange et tellement dissonant avec les regards reposés et détendus des autres passagers. Nous rentrons retrouver un quotidien que nous n'avons jamais quitté. C'en est presque un soulagement mêlé à de la colère et une once de désespoir. Ces escapades, ces voyages vers un ailleurs ne seront donc plus possibles.

Je sais maintenant qu'ils seront en tout cas différents.

*

* *

J'ai essayé de mettre en place, dès le début de ma mission d'aidant, des rituels quotidiens, des activités régulières à pouvoir partager avec Carole.

Nous aimons le cinéma, et j'ai donc pris un abonnement. Mais au fil du temps, le stress pour Carole d'aller aux toilettes, va venir perturber les séances où nous devrons le plus discrètement possible nous échapper de la salle pour ensuite devoir y renoncer complètement.

Nous avons notre rituel quotidien de fin d'après-midi, d'un jeu télévisé que nous apprécions tous deux.

Viendra un moment où Carole ne pourra plus se concentrer sur un écran de télévision et ces instants de partage se limiteront à être ensemble, Carole se replongeant dans son monde imaginaire, animée par son activité de couturière dans lequel elle excellait en manipulant poupées, peluches, coussins et plaid.

Quant à moi j'écoute et regarde d'une oreille distraite, souvent questionné ou interpellé par Carole, qui me formule une phrase dont je ne peux pas toujours percevoir le sens, mais à laquelle je me dois de répondre, en tentant d'entrer dans son univers.

Je dois jouer un rôle et lui apporter ainsi mon attention, pour tenter de la rassurer, de solutionner ce problème, cette difficulté qu'elle est la seule à vivre.

Puis lorsque le soleil commence à se coucher, que la luminosité tend à s'estomper, le moment est venu d'allumer nos lampes, de créer une ambiance rassurante et chaude, et qui introduit le rituel du soir.

Vers six heures trente, Carole se met en pyjama. Elle semble rassurée, car je vois bien qu'en fin d'après-midi, la fatigue associée à davantage d'agitation se fait sentir.

Il me faudra bien vite lui donner presque quotidiennement un comprimé d'anxiolytique pour apaiser cette angoisse.

Je prépare donc ensuite son dîner et sitôt ses médicaments administrés, Carole me dit :

— Je suis fatiguée.

— Je vais t'accompagner au lit.

— Oui.

Après le brossage de dents qu'elle commence et que je complète, je lui montre le lit.

J'ai pris soin de vaporiser un brumisateur sur son oreiller afin qu'elle retrouve ce parfum qui lui est familier.

La mémoire olfactive demeure, et comme pour chacun d'entre nous, ressentir des odeurs qui évoquent un passé agréable et apaisant est particulièrement important.

Je couvre Carole de cette couette douillette en ayant pris soin d'augmenter le chauffage le temps de son endormissement.

Je l'embrasse et après un « je t'aime » échangé, Carole me sourit, me dit merci et ferme aussitôt les yeux.

C'est à présent un temps de répit qui m'appartient en quelque sorte.

Mais c'est aussi un intermède de quelques heures durant lesquelles je suis seul.

Je dois renoncer à partager le plaisir de regarder un film ou une bonne émission, d'échanger sur des projets, des souvenirs, des idées.

Seule la présence d'amis ou de ma famille me donne cet espace de communication, de discussion et de partage.

*

*   *

Nous allons voir maman et ma sœur Aude à Nîmes l'espace d'un week-end.

La tonicité de Carole est revenue et peut être goûtera-t-elle avec plus de plaisir cette escapade.

Clémence est venue passer la nuit à la maison la veille de notre départ pour me soulager des péripéties nocturnes.

Au réveil, le ciel est complètement dégagé. Une fois la voiture chargée, nous partons chacun dans notre direction.

Clémence vers le sud en direction des Pyrénées, retrouver son foyer, et nous vers Toulouse, pour rouler ensuite en direction de la Méditerranée.

Le soleil est radieux, les nuages ont été chassés par un vent violent qui se manifeste dès Carcassonne, puis ne nous quittera plus jusqu'à notre destination finale.

— Nous allons à Nîmes voir Maman et Aude. Tu es contente ?

— Oui, me répond-elle avec un grand sourire.

Même si Carole ne s'assoupit pas, je devine qu'elle est apaisée.

Les paysages évocateurs se succèdent : la plaine du Lauragais et son canal du Midi qui nous accompagne une partie de la route. Puis les Corbières qu'annonce la majestueuse et intemporelle cité de Carcassonne que nous pouvons apercevoir furtivement depuis l'autoroute.

Longer la Montagne d'Alaric est pour nous un moment de ravissement. Les cyprès longilignes mêlés aux pins parasols, les maisons de pierres dorées sont comme une invitation à nous poser et à savourer un verre de Chianti à la main, quelques instants remplis de soleil, de beauté naturelle et de volupté.

Un paysage de Toscane, même s'il a été par endroit sauvagement meurtri par les flammes.

Narbonne, Béziers, Montpellier…

Toute ma jeunesse refait surface, vie d'étudiant à la fois insouciante et tendre, ne se projetant pas dans un avenir, mais jouissant plutôt de l'instant présent.

Cette évocation intérieure me donne peut-être une petite leçon de vie : manger à pleines dents et boire à satiété l'instant qui se présente.

Carole commence à triturer son pantalon, son regard va-et-vient du morceau de tissu qu'elle s'est entrepris de coudre et découdre, vers la route auquel elle jette un regard rapide, furtif, mais qui semble inquiet.

Je sais à cet instant qu'elle commence à être désorientée, loin de ses repères, coincée dans un véhicule qui la mène, elle ne sait où.

— Je n'en peux plus !

— Nous allons bientôt arriver.

— Il faut que je réussisse.

— Veux-tu que nous nous arrêtions pour aller aux toilettes ?

— Oui, si tu veux.

Une fois repartis, il me faudra à plusieurs reprises la rassurer, lui indiquer le temps restant jusqu'à notre destination finale.

Lorsque nous arrivons, Carole exprime un grand sourire quand elle voit maman et Aude, comme rassurée.

*

* *

Nous avons toujours eu un chien.

Carole et moi, enfants, en étions entourés.

Notre aînée, Marie, lorsqu'elle était encore en poussette, avait été effrayée par un chien sautant et aboyant derrière son portail. Elle avait depuis transmis sa peur à ses petites sœurs et cela nous désolait.

C'est principalement pour cette raison que nous avons adopté une chienne, mi teckel, mi épagneul, en aucun cas un canon de beauté, mais plutôt intelligente et têtue.

Youpi a grandie au milieu de notre tribu, n'en faisant qu'à sa tête. Elle me dévisageait du regard, mais sans bouger d'un poil lorsqu'elle était allongée sur un massif de lavande au soleil, alors même que je m'époumonais à lui donner l'ordre de déguerpir.

Elle fut aussi, au grand bonheur de nos filles, celle qui les aidait à vider discrètement leur assiette lorsqu'un plat ne leur convenait pas.

L'une d'entre elles, Astrid, a été durant plusieurs années hospitalisée.

Dans des moments difficiles en réanimation, sa maman qui était à son chevet jour et nuit à l'hôpital de Tours lui avait demandé ce qui lui ferait plaisir.

« Un chien ! » avait-elle répondu aussitôt.

À l'annonce de sa demande, j'avais été à la fois rassuré qu'elle exprime un souhait qui puisse lui donner un peu de baume au cœur, et en même temps, soucieux de l'aspect logistique des choses.

Bingo, jeune golden retriever, a donc rejoint la tribu à la grande joie de sa maîtresse Astrid, mais aussi de ses sœurs.

Nous l'avons perdu accidentellement ainsi que notre chienne Youpi et l'avons remplacé rapidement par Tom, son frère de portée qui nous a suivis du Val de Loire jusqu'à Toulouse.

Puis il y a eu Buzz, setter anglais adopté à la S.P.A. de Toulouse déjà âgé et qui a pu finir ses jours dans notre maison.

Quand la maladie de Carole a été diagnostiquée, je me suis rapidement posé la question de remplacer ce chien dans un but presque « thérapeutique ». Le recours à la cynothérapie va en grandissant non seulement en EPAHD, mais également à domicile.

J'hésitais à me décider, considérant la charge additionnelle que cela représenterait et dont je mesurais qu'elle reposerait sur moi.

Carole était partante et nous avons donc franchi le pas.

Nous avons trouvé un élevage de golden retriever et sommes allés chercher Tommy à Moissac.

Lorsque l'éleveuse nous a laissés dans l'enclos où se trouvaient les cinq chiots mâles de la portée, nous avons été attendris par ce petit Tommy, qui au lieu d'aller ensuite jouer avec ses frères, est resté pour se faire câliner par Carole.

Élever un chiot s'inscrit dans la durée et malgré les leçons de dressage nécessaires, Tommy vivait son enfance à pleines dents. Cela rendait difficiles à la fois les interactions et les moments calmes avec sa maîtresse.

J'espérais que le temps passant, Tommy allait être plus câlin, plus posé, mais je devais me résoudre à accepter que jeunesse se passe.

Malheureusement, de jour en jour, Carole était de plus en plus agacée par cette présence trop turbulente.

Au bout de presque huit mois, j'ai dû prendre la décision de nous séparer de Tommy et de le confier à une famille avec de jeunes enfants où il serait heureux et rendrait heureux ses nouveaux maîtres.

Nous aurions dû adopter un chien plus âgé et dressé.

Dans le même temps, j'avais pris conscience qu'il me fallait me simplifier le quotidien, alléger l'intendance, car il m'était de plus en plus difficile de faire face aux tâches journalières, tout en assurant la présence nécessaire auprès de mon épouse.

Aimer ce n'est pas renoncer à sa liberté, c'est lui donner un sens.

Marc Levy

29
Faites-vous tout petits

Nous essayons de prier ensemble quotidiennement le matin après s'être habillés.

Carole n'a jamais dit non à ce moment partagé.

Elle récite les prières sans aucun balbutiement, sans aucune hésitation, sans aucune confusion.

De plus, le dimanche, je lui propose le plus souvent possible de m'accompagner à la messe.

En cette saison hivernale, Carole me dit :

— Il fait froid…

— On peut rester alors à la maison.

— Non, je viens avec toi.

Je sais que c'est un effort pour elle, car il y a effectivement le froid dehors et la fraîcheur parfois à l'intérieur de l'église, mais également la longueur de la célébration.

Néanmoins, là encore, malgré une impatience exprimée de façon répétitive, nous restons la plupart du temps jusqu'au moment de la communion.

— Je n'en peux plus.

— Tu es d'accord pour rester jusqu'à la communion et on part tout de suite après ?

— Oui.

Carole participe autant qu'elle le peut en s'associant aux prières de l'assemblée, même si elle est souvent plongée dans l'univers de la couture qu'elle s'est construit en manipulant ses vêtements.

Le geste de paix est un moment émouvant. J'essaie de nous placer toujours proches d'une de ses amies. Elle découvre alors leur visage quand elles se retournent pour échanger le geste de paix.

Un sourire rayonnant illumine le visage de Carole

— Ah c'est toi, tu es là !

Ses amies en sont, je le vois, bien émues et j'en ai la gorge serrée.

Il en est de même lorsque Carole reçoit la communion de notre curé. Son visage est radieux et cela émeut l'officiant.

Le regard de Carole posé sur d'autres visages n'est pas furtif comme c'est souvent le cas pour nous. Comme si elle voulait saisir le plus longtemps possible cet instant d'échange visuel, d'affection ou d'amitié.

Nous regagnons ensuite notre place. Nos amis ne sont pas loin de nous.

Au moment du chant d'action de grâce, Carole se met à sangloter.

Ce ne sont pas des larmes de tristesse, c'est comme si quelque chose la submergeait, mais rien de violent, non.

J'étreins Carole :

— Ça va ma chérie ?

— Oui,

me répond-elle, en relevant son visage avec un sourire qui semble refléter comme une joie intérieure.

Notre amie a observé cela et s'approchant de Carole pour l'embrasser, les yeux humides lui dit :

— Carole, tu vois, tu nous fais aussi pleurer !

Je suis convaincu que Carole a ressenti paix et consolation, car elle a été visitée par la petite hostie de pain.

D'autres dimanches, Carole va à nouveau vivre cette expérience.

Sa sœur Laurence me confie :

« Cela reflète bien son chemin en particulier. Je n'ai jamais entendu de colère chez elle. De la tristesse, du désespoir de temps en temps, mais surtout du courage.

Courage humble de ceux qui ont mis leur vie dans les mains du Maître de la vie.

Ces moments de communion sont certainement une vraie union au Christ et à sa présence au quotidien. Elle est comme l'hostie, dans le silence. Tout se passe dedans…

Ça me bouleverse et je suis fière de l'avoir comme sœur…

Ce chemin que l'on ne connaît pas a fait de nous des suiveurs.

Aller avec Carole, l'accompagner vers un inconnu même si l'on sait comment cela finira, c'est au jour le jour et cela développe en nous une adaptation incertaine, mais aussi une douce patience, une nouvelle étape à vivre dans notre famille.

Finalement ce n'est pas la maladie qui nous transforme, mais c'est Carole qui nous fait grandir sur ce chemin inconnu. Elle éprouve une partie de nous-mêmes qui ne contrôle pas, qui ne sait pas… cela me dérange, me déstabilise quand je n'arrive pas à comprendre Carole, à déchiffrer ses mots et ses pensées. Parfois je la regarde et nos sourires suffisent à nous rejoindre. Sa douceur est intacte, son courage aussi…

Inventer, chercher, recréer pour que la vie soit toujours en mouvement, pour offrir à son esprit des bouts de créativité, de plaisir. Peut être désormais tout sera incertain, fragile, mais peu importe je sais que c'est Carole, ma sœur, et rien ne nous enlèvera ce lien. »

Regardez l'humilité de Dieu
et faites-lui hommage de vos cœurs.
Admirable grandeur,
étonnante bonté du maître de l'univers
qui s'humilie pour nous
au point de se cacher
dans une petite hostie de pain.
Faites-vous tout petits
vous aussi devant Dieu.
Pour être élevé par lui,
ne gardez rien pour vous.
Offrez-vous tout entier
à ce Dieu qui se donne à vous.

Anne Sophie Ramm

30
De quoi demain sera-t-il fait ?

Avant de venir nous installer en région toulousaine, nous avons habité une vingtaine d'années à Blois.

Nous y avons agrandi notre famille de huit filles et fait des rencontres amicales qui perdurent encore aujourd'hui, comme tissées par un lien indéfectible.

Nous avons aussi goûté à la douceur de vivre de cette région, élue par les souverains pour qu'ils s'y établissent, traversée par ce fleuve, la Loire, à la fois majestueuse et poétique.

Nous sommes allés parfois à l'affût de ces animaux qui peuplent la Sologne : biches et cerfs, sangliers et marcassins, canards et oies sauvages.

Nous avons visité ces lieux chargés d'histoire, savouré cette gastronomie raffinée, arpenté ces forêts à la faune et la flore si généreuses.

Nous avons chanté, dansé, descendu de bonnes bouteilles de vins et fumé des cigarillos avec nos amis.

Nous avons enfin partagé ce bonheur simple du quotidien, celui de faire grandir nos enfants.

Comme chacun, nous n'avons pas été épargnés par les épreuves, mais nous gardons de cette période comme une conviction intérieure qu'elle a été la plus belle page de notre vie…

Notre installation en région toulousaine a été motivée par un changement d'activité professionnelle me concernant. C'est avec un certain déchirement que nous avons dû quitter le Val de Loire, tout en étant attirés par le Sud-Ouest, bien différent mais également attachants.

Cette région au caractère bien marqué offre une diversité de paysages et de cultures assez exceptionnelle : elle laisse toute sa place à la fois à la Méditerranée et à l'Atlantique, au verdoyant Pays basque, aux majestueux sommets des Pyrénées, à une gastronomie hors pair qui propose des recettes prisées dans le monde entier, des vignobles de caractère, des paysages restés sauvages et authentiques, parfois encore reclus et enclavés.

De là où nous sommes, nous pouvons aller découvrir, l'espace de quelques heures, les trésors que recèle cette région ou rejoindre un pays que nous affectionnons tant, l'Espagne, et en particulier la Costa Brava.

Toulouse, la ville rose ainsi bien nommée, m'évoque les villes italiennes. Peut-être à cause de ses briques et hôtels particuliers si raffinés, de son fleuve, la Garonne, qui rappelle l'Arno à Florence.

Toulouse, la ville rose, est aussi habitée par la culture musicale : l'Opéra, bien sûr, mais aussi l'orchestre du Capitole et nombre d'artistes qui rayonnent en France et dans le monde.

Toulouse, la ville rose, c'est enfin une dynamique reconnue au-delà même de nos frontières, pour la recherche, qu'elle soit médicale, aéronautique ou spatiale.

Nous avons en particulier beaucoup bénéficié de la présence de l'INSERM à l'hôpital Purpan, dans le cadre des essais cliniques qui nous ont été proposés.

Nous avons choisi de nous établir dans une grande maison, à près d'une trentaine de kilomètres au sud de Toulouse, sur la route des Pyrénées, sur lesquelles nous avons une vue exceptionnelle. C'est un ravissement quotidien que de contempler la chaîne dans sa presque totalité, du mont Canigou au pic du Midi d'Ossau depuis notre porte-fenêtre du premier étage. L'hiver est la meilleure saison, quand le ciel n'est pas embrumé par les chaleurs d'été et que les reliefs semblent comme se détacher de la montagne, que les sommets enneigés scintillent sous les rayons de soleil.

Cette dizaine d'années passée dans le Sud toulousain n'aurait pas laissé envisager un terme, tant nous étions attachés à cette maison que nous avons essayé d'embellir, de rendre accueillante pour nos enfants et nos amis, et que nous avions baptisée de façon collégiale : Le Clos Familial !

La maladie est venue envahir notre quotidien et j'ai bien mesuré combien l'éloignement de certains de nos enfants et petits-enfants pouvait devenir une entrave, une difficulté de plus pour Carole à vivre des moments de partage et de bonheur avec ceux à qui elle a tant donné.

Il serait injuste de négliger la présence si aimante de façon quasi quotidienne de Clémence et de sa famille, qui est un cadeau que nous recevons.

Il serait injuste également de négliger celle à nos côtés de nos enfants et petits-enfants, qui habitent pour la majorité assez loin. Ils viennent, quand ils le peuvent, entourer leur maman, et, j'en suis bien conscient, me soutenir également. Cela est un cadeau à chaque fois que nous les voyons à nouveau.

Ce cadeau, je le lis dans le visage et le sourire de Carole quand je lui évoque leur venue prochaine, quand elle les revoit à leur arrivée, même si son expression est empêchée.

Il serait injuste enfin d'oublier ce groupe d'amis qui nous a accueillis chaleureusement à notre arrivée. Ils nous ont aidés à nous intégrer dans notre nouveau cadre de vie, dans ce coin du Volvestre où ils ont pour la plupart des racines familiales de longue date. Leur présence auprès de nous et de Carole, en particulier, est un témoignage profond d'amitié.

Malgré tout, je me dis que notre lieu de vie, éloigné de nos enfants et petits-enfants, n'est plus compatible avec ce que nous sommes en train de vivre. D'ici quelques années, je n'aurai sans doute plus la force nécessaire pour entretenir cette grande maison familiale, lieu de retrouvailles chaleureuses dont on rêvait avec Carole.

C'est pourquoi il nous faudra peut-être réfléchir à déménager pour retrouver notre région de prédilection, près de Blois, près de nos amis restés là-bas, plus proches de nos enfants et petits-enfants.

Je redoute néanmoins de quitter un cadre d'accompagnement et de soutien médical et humain pour Carole, que j'ai fini peu à peu à organiser.

Toutes ces personnes qui entourent Carole au quotidien : les auxiliaires de vie qui viennent presque tous les jours à la maison, la psychologue, la kiné, l'orthophoniste, l'art-thérapeute… toutes ces personnes qui ne donnent pas uniquement de leur compétence professionnelle, mais également et ô combien, de leur empathie, de leur sourire, de leur bienveillance.

Je crains également de renoncer à cette équipe de neurologie à l'hôpital Pierre Paul Riquet et de casser d'une certaine manière un accompagnement, un suivi, un soutien tellement précieux.

Ma psychologue m'a convaincu du fait que je retrouverai sans doute cela ailleurs, en prenant le temps au préalable de confier ce projet au professeur Pariente et à son équipe, qui sauront m'aiguiller vers la bonne personne dans le Val de Loire ou à Paris.

À ce jour, ma priorité est de permettre à Carole de profiter le plus possible de ses enfants et petits-enfants qui sont éloignés et contraints, compte tenu de la distance, à des venues forcément limitées.

Je me dois également de penser à un futur plus lointain, le plus loin possible d'ailleurs, mais où je dois me projeter dans un environnement le plus sécurisant possible, dans un lieu de vie familier où nous devrons bien nous sentir, entourés de la famille et de quelques-uns de nos amis.

Peut-être serons-nous donc dans un avenir encore incertain, dans cette région du Val de Loire que nous affectionnons tant. Il est trop tôt pour le confirmer.

Nous ouvrirons alors une nouvelle page à écrire.

De quoi sera-t-elle remplie, nul ne peut le prédire, même si nous savons que dans le véhicule que nous conduisons, la marche arrière n'est pas possible.

— Tu es gentil. Heureusement toi, tu vas bien. Parce que pour moi, ça ne va pas du tout. Je ne sais plus rien faire.

Alors c'est une autre espérance qui guidera et animera, je l'espère, nos journées : celle de goûter aux joies simples de la vie en présence plus régulièrement de notre famille et de nos amis.

— Tu t'occuperas de moi demain ? Tu me feras ? … Je t'adore.

De quoi demain sera-t-il fait ?

Un espoir adapté,
c'est l'envie de croire qui résiste…
Un espoir adapté,
c'est de l'espoir bousculé…
Un espoir adapté,
c'est faire le deuil de tous les autres…

Fabien Marsaud, Anna Spivakova –
interprété par Grand Corps Malade

Remerciements

À Carole, qui m'a montré et me montre encore plus intensément aujourd'hui, que le chemin du bonheur se trouve par ce que l'on donne à l'autre.

À mes enfants, durement éprouvés par l'avènement de cette terrible maladie, qui apportent leur soutien, aide, mais aussi leur écoute.

À mes petits enfants qui sont touchants dans leur relation, dénuée de gène quelconque par rapport à la maladie de leur Mamili et qui réagissent avec spontanéité, simplicité, mais aussi beaucoup de gaieté. Je suis édifié par les aînés qui, lors de leurs venues, marquent leur présence auprès de Mamili par des petits gestes, des paroles bienveillantes, des câlins.

À nos amis et famille, nombreux à nous témoigner de leur communion avec ce que nous vivons, par l'écoute, leur dimension d'accueil, les gestes posés, leur présence auprès de nous.

Aux « copines » toulousaines avec lesquelles Carole partageait la passion de lire et d'échanger dans le cadre de leur groupe de lecture. Maintenant ce sont des promenades, des goûters ou des apéros qui sont à chaque fois un moment de bonheur.

À John, qui a enseigné l'art de la peinture à Carole depuis de nombreuses années, et qui a accepté d'adapter les séances avec le temps, permettant ainsi à mon épouse de perpétuer son goût et talent artistique le plus longtemps possible

À tous ceux qui s'inscrivent dans le parcours de soins de Carole : infirmière, kinésithérapeute, art-thérapeute, psychologue, sage-femme, médecins, orthophoniste et ostéopathe. Au-delà des gestes médicaux posés, je suis touché par leur empathie, leur sourire bienveillant, leurs encouragements, leurs conseils.

À l'auxiliaire de vie présente presque quotidiennement, qui donne à Carole un temps de divertissement, de relaxation, d'échange, mais aussi d'écoute. Elle est devenue une amie que Carole est chaque jour heureuse de retrouver, par le sourire qu'elle exprime à son arrivée :

— Ah c'est toi !

À l'équipe de neurologie de l'hôpital Pierre Paul Riquet à Toulouse, avec laquelle une relation de confiance et d'échange s'est nouée : le professeur Jérémie Pariente, la chef de clinique Marie Rafiq et toute leur équipe je leur suis très reconnaissant de nous accompagner dans ce parcours qui est par définition en perpétuelle évolution, de m'écouter patiemment, mais surtout d'apporter des propositions de solutions, de répondre présents quand l'inquiétude face aux symptômes devient envahissante.

Nous avons eu la chance d'être parfois partie prenante à des protocoles de recherche et études cliniques. Ce sont des stimulants qui créent une dynamique qui fait du bien, même si nous sommes conscients que le bénéfice de leurs découvertes ne sera hypothétiquement que pour une génération future.

Au prêtre qui m'a apporté l'éclairage lumineux de l'évangile, réconfortant, plein de miséricorde, et qui m'a aidé à davantage lâcher prise, réaliser que ne compter que sur soi était peine perdue et que l'épreuve pouvait construire.

À tous ces visages souriants, ces paroles bienveillantes et réconfortantes. Celles de la caissière du supermarché, de notre jardinier Jérôme ou de notre artisan monsieur Garcia qui prennent des nouvelles de Carole comme de leur propre famille, celles de notre boucher, de notre pharmacienne, du marchand de « bon cholestérol » au marché qui offre à chaque fois une bouchée de foie gras à Carole. Chacun de ces petits signes du quotidien est comme un baume apaisant qui donnent réconfort, mais aussi énergie.

À tous ceux qui m'ont encouragé dans cette démarche de témoignage, et à Isabelle, Ségolène et Christian qui ont apporté une contribution précieuse à la finalisation de ce manuscrit.

À tous ceux qui dans le Ciel intercèdent pour que nous soient accordées grâces et force dont nous avons besoin et dont je peux témoigner que nous les recevons.

Des sources inspirantes et utiles au quotidien…

Les actes, les paroles, les gestes de ceux proches ou moins proches qui croisent notre chemin

Les films :

- Still Alice (Oscar Winner)
- Se souvenir des belles choses (Zabou Breitman)
- The Father (Florian Zeller)

La pièce de théâtre :

- Oublie moi

La saison 6 de la série « This Is Us ».

La chanson :

- Je serai là (Etienne Drapeau)

L'émission « Ça commence aujourd'hui » présentée par Faustine Bollaert sur France 2, qui a traité à plusieurs reprises des sujets autour de la maladie avec, à chaque fois, une grande qualité de fond, beaucoup de délicatesse et une empathie hors du commun. Les sujets qui m'ont particulièrement touché sont : « Mon mari, Alzheimer et moi » « Alzheimer, jour après jour, leur parent les oublie », « Alzheimer, une maladie qui concerne aussi les jeunes ».

Les informations recueillies auprès de nombreux sites, données par de nombreuses personnes et en particulier :

- L'association France Alzheimer
- La fondation « Vaincre Alzheimer »
- Le site « Helpy le jeu »
- Essentiel Autonomie (Malakoff Médéric)
- L'association Française des Aidants

- L'équipe « Allo, j'aide un proche », entretiens gratuits et anonymes avec des psychologues

Les livres :

- Alzheimer, mes petits carnets de vie (Florence Niederlander)
- Le bonheur plus fort que l'oubli (Colette Roumanoff)
- 100 idées pour accompagner une personne atteinte d'Alzheimer (France Alzheimer)
- Amour malade (Catherine Laborde & Thomas Stern)
- La maladie d'Alzheimer (Dr Judes Poirier & Dr Serge Gauthier)
- Alzheimer, accompagner ceux qu'on aime (et les autres) (Colette Roumanoff)

Bien sûr, cette liste n'est qu'un modeste florilège de tout ce qui est à la disposition de chacun soit sous forme d'informations pratiques, soit sous forme de témoignages, d'outils et de conseils

Il existe une multitude de sites, de publications ainsi que de productions visuelles dans lesquelles puiser des informations et témoignages précieux.

On ne voit bien qu'avec le cœur. L'essentiel est invisible pour les yeux.

Le Petit Prince
Antoine de Saint Exupéry

Imprimé en Allemagne
Achevé d'imprimer en octobre 2023
Dépôt légal : octobre 2023

Pour

Le Lys Bleu Éditions
40, rue du Louvre
75001 Paris

www.ingramcontent.com/pod-product-compliance
Lightning Source LLC
Chambersburg PA
CBHW062343010826
49168CB00024B/237

* 9 7 9 1 0 4 2 2 1 2 0 5 6 *